MANFRED REHBINDER

Die Rechtsnatur der Arbeitsverhältnisse deutscher
Arbeitnehmer bei den ausländischen Streitkräften

Schriften zum Sozial- und Arbeitsrecht

Band 5

Die Rechtsnatur der Arbeitsverhältnisse deutscher Arbeitnehmer bei den ausländischen Streitkräften

unter besonderer Berücksichtigung der
Verhältnisse in West-Berlin

Von

Prof. Dr. Manfred Rehbinder

DUNCKER & HUMBLOT / BERLIN

Alle Rechte vorbehalten
© 1969 Duncker & Humblot, Berlin 41
Gedruckt 1969 bei Alb. Sayffaerth, Berlin 61
Printed in Germany

Inhalt

Einleitung 7

§ 1 Die besondere Situation der bei den Alliierten beschäftigten deutschen
    Arbeitnehmer in historischer Entwicklung 9
  I. Unter der Geltung des Besatzungsstatuts 9
     1. Die Unklarheit der ersten Nachkriegsjahre 9
     2. Die deutschen Bestrebungen um eine Vereinheitlichung 13
  II. Unter der Geltung des Truppenvertrages 18
  III. Unter der Geltung des NATO-Truppenstatuts 19
  IV. Die Rechtslage in West-Berlin 21

§ 2 Die Vereinbarkeit der gegenwärtigen Tarifregelungen mit zwingenden
    Vorschriften des deutschen Arbeitsrechts 26
  I. Die tarifvertraglichen Kündigungsfristen 27
  II. Die Vorschriften über die Personalvertretung 28

§ 3 Die Verteilung der Arbeitgeberstellung auf die alliierten und die deutschen Behörden 30
  I. Der Arbeitgeberbegriff als funktioneller Begriff 30
  II. Die gesetzliche Regelung der Arbeitgeberfunktionen 32
  III. Der Standpunkt der Rechtsprechung zur Arbeitgeberposition 33
  IV. Die Auffassungen der Literatur zur Arbeitgeberposition 37
  V. Eigene Stellungnahme 38

§ 4 Die Tätigkeit deutscher Arbeitnehmer bei den ausländischen Streitkräften als deutscher öffentlicher Dienst 43
  I. Der formelle und der materielle Begriff des öffentlichen Dienstes 43
  II. Die Tätigkeit der ausländischen Streitkräfte als Ausübung deutscher Hoheitsfunktionen 47
  III. Die Arbeitsbedingungen des deutschen Personals als rechtswidrige Benachteiligung gegenüber dem übrigen deutschen öffentlichen Dienst 50

Ergebnis 55

Diese Schrift ist aus einem Rechtsgutachten hervorgegangen, das ich im August 1969 dem Interessenverband der bei den Alliierten in Westberlin beschäftigten deutschen Arbeitnehmer e. V. erstattet habe. Ich darf Herrn Dr. Peter Opitz auch an dieser Stelle für seine Mitarbeit herzlich danken.

M. R.

Einleitung

Nach dem Zusammenbruch des Deutschen Reiches im Jahre 1945 wurden zunächst alle Hoheitsfunktionen von den alliierten Besatzungsmächten übernommen. Diese bedienten sich zur Erfüllung ihrer Aufgaben in allen vier Besatzungszonen und in Berlin zum erheblichen Teil deutscher Staatsangehöriger. Auch nach der allmählichen Übernahme der Staatstätigkeit durch deutsche Behörden wurde der deutsche Mitarbeiterstab der Besatzungstruppen zahlenmäßig kaum verringert. Die komplizierte Infrastruktur moderner Militärorganisationen erfordert eine breite Skala von Verwaltungstätigkeit, die — soweit es sich nicht um Aufgaben des unmittelbar militärischen Bereichs handelt — zweckmäßigerweise von Zivilpersonen des jeweiligen Standorts wahrgenommen werden kann. Deshalb waren im Jahre 1955, also bei Erlangung der Souveränität durch die Bundesrepublik Deutschland, im Bundesgebiet mehr als 250 000 deutsche Angestellte und Arbeiter bei den alliierten Streitkräften beschäftigt[1], und noch heute beträgt die Zahl über 200 000[2]. Auch in Berlin war seit der Besetzung eine erhebliche Zahl deutscher Arbeitnehmer bei den alliierten Streitkräften tätig. Gegenwärtig beträgt die Zahl in den drei West-Sektoren etwa 10 000.

Wie später näher ausgeführt wird, werden die betreffenden deutschen Arbeitnehmer zwar von den ausländischen Streitkräften eingestellt und beschäftigt, aber von den deutschen Behörden bezahlt. Auch werden ihre Arbeitsbedingungen durch Tarifverträge geregelt, die von den deutschen Behörden abgeschlossen werden. Diese Arbeitsbedingungen sind nun in einer Reihe von Punkten weit ungünstiger als die Arbeitsbedingungen entsprechender Arbeitnehmer, die bei den deutschen Behörden beschäftigt werden. Das gilt insbesondere für die Sozialbezüge, den Urlaubsanspruch und die Kündigungsfristen (vgl. näher unten § 4 III). Es liegt deshalb die Frage nahe, ob hier nicht von deutscher Seite eine Ungleichbehandlung vorliegt, die rechtswidrig ist oder die zumindest rechtspolitisch nicht gerechtfertigt werden kann. Die Beantwortung dieser

---

[1] Vgl. *Pretzsch/Schalkhäuser/Rechenberg:* Das Recht der Arbeitnehmer bei den Streitkräften, 1955, S. 3.

[2] Zum Vergleich seien die Zahlen der Beamten, Richter, Angestellten und Arbeiter im öffentlichen Dienst herangezogen. Sie betrugen am 2. Oktober 1954: 1 281 384 und am 2. Oktober 1967: 1 974 084 (Statistische Jahrbücher der Bundesrepublik 1955, S. 410, und 1968, S. 403).

Frage hängt davon ab, wie die Arbeitsverhältnisse der betreffenden Arbeitnehmer rechtlich zu qualifizieren sind und ob sie mit entsprechenden Arbeitsverhältnissen bei deutschen Behörden verglichen werden können.

Die folgende Untersuchung beschäftigt sich daher mit der Rechtsnatur der Arbeitsverhältnisse deutscher Arbeitnehmer bei den alliierten Streitkräften unter dem Aspekt der Gleichbehandlung mit Angehörigen des deutschen öffentlichen Dienstes. Sie beschränkt sich auf das Gebiet der Bundesrepublik einschließlich West-Berlin. Dabei wird der Lage in West-Berlin wegen ihrer rechtlichen Besonderheiten besondere Aufmerksamkeit gewidmet, zumal sie in der Literatur bisher völlig vernachlässigt worden ist. Zunächst wird geschildert, wie die gegenwärtige Situation der betreffenden Arbeitnehmer historisch entstanden ist (§ 1). Doch werden nur diejenigen Gesichtspunkte hervorgehoben, die für unsere Fragestellung erheblich sind[3]. Weiter wird festgestellt, inwieweit die gegenwärtige Tarifregelung mit zwingenden Vorschriften des deutschen Arbeitsrechts vereinbar ist (§ 2). Dann wird die entscheidende Frage untersucht, ob nur die ausländischen Streitkräfte oder nur die deutschen Behörden oder ob nicht beide zusammen als Arbeitgeber anzusehen sind (§ 3), und schließlich wird geprüft, ob es sich bei der Tätigkeit deutscher Arbeitnehmer bei den ausländischen Streitkräften um deutschen öffentlichen Dienst handelt (§ 4). Das Ergebnis der Arbeit ist am Schluß in Thesen zusammengefaßt.

---

[3] Einen vollständigen Überblick gibt *Beitzke:* Arbeitsverhältnisse bei Stationierungsstreitkräften, in Arbeitsrecht-Blattei, D Stationierungsstreitkräfte I, unter A.

§ 1 Die besondere Situation der bei den Alliierten beschäftigten deutschen Arbeitnehmer in historischer Entwicklung

I. Unter der Geltung des Besatzungsstatuts

1. Die Unklarheit der ersten Nachkriegsjahre

In den ersten Jahren nach Kriegsende wurde die Beschäftigung deutscher Arbeitnehmer von allen Besatzungsmächten als völkerrechtliche Requisition angesehen[1], und zwar auch dann, wenn die Arbeitsaufnahme freiwillig erfolgte[2]. Dies wurde besonders deutlich in der französischen Besatzungszone, wo für Streitigkeiten aus derartigen Arbeitsverhältnissen nur die Militärgerichte zuständig waren[3]. In Berlin erfolgte die Inanspruchnahme deutscher Arbeitskräfte aufgrund einer von der Alliierten Kommandantura Berlin am 17. 12. 1945 erlassenen Verordnung zur Deckung des Bedarfs an Arbeitskräften für lebenswichtige Aufgaben[4]. Schon die Bezeichnung dieser Verordnung umschreibt den Tatbestand des Art. 52 der Haager Landkriegsordnung (HLO), der derartige Requisitionen für völkerrechtlich zulässig erklärt[5]. Auch durch Abschnitt I Nr. 1

---

[1] Vgl. *Beitzke* ebd.; ferner *Butz:* Zur Frage der Rechtsstellung des bei Besatzungsbehörden beschäftigten deutschen Personals, in MDR 1948, S. 103—106 (104) mit ausführlicher Begründung, und *Neumann-Duesberg:* Deutsche Arbeitnehmer bei Dienststellen der Besatzungsmacht, in BB 1948, S. 555—556; für die amerikanische Besatzungszone *Wiegleb:* Zur Rechtsstellung des Arbeitnehmers bei der US-Besatzungsmacht, in RdA 1950, S. 302—303; für die britische Besatzungszone *Eineckel:* Die Rechtsstellung der deutschen Arbeitnehmer bei der britischen Besatzungsmacht, Diss. Köln 1953.
[2] *Beitzke* (FN 3), unter A I mit Nachweisen.
[3] Ebd., unter A I 1.
[4] VOBl Nr. 17 vom 31. 12. 1945, S. 180 f. Diese VO stimmte im wesentlichen mit Kontrollratsbefehlen in den westlichen Besatzungszonen überein. Eine Zusammenstellung des Vorschriftenmaterials findet sich bei *Beitzke* in RdA 1948, S. 84.
[5] Art. 52 HLO lautet: „Naturalleistungen und Dienstleistungen können von Gemeinden oder Einwohnern nur für die Bedürfnisse des Besatzungsheeres gefordert werden. Sie müssen im Verhältnis zu den Hilfsquellen des Landes stehen und solcher Art sein, daß sie nicht für die Bevölkerung die Verpflichtung enthalten, an Kriegsunternehmungen gegen ihr Vaterland teilzunehmen. Derartige Natural- und Dienstleistungen können nur mit Ermächtigung des Befehlshabers der besetzten Örtlichkeit gefordert werden. Die Naturalleistungen sind so viel wie möglich bar zu bezahlen. Anderenfalls sind dafür Empfangsbestätigungen auszustellen; die Zahlung der geschuldeten Summen soll möglichst bald bewirkt werden."

a. E. und Abschnitt II Nr. 8 dieser VO wird der Rechtscharakter der betreffenden Arbeitsverhältnisse deutlich, wonach mangels freiwilliger Arbeitsaufnahme eine Anweisung oder Zuweisung durch das Arbeitsamt zu erfolgen hatte. Es konnte also zu Zwangsverpflichtungen kommen. Die Gewährung von Lohn und Urlaub steht der Annahme einer öffentlich-rechtlichen Requisition nicht entgegen, da Art. 53 Abs. 3 HLO eine Entschädigung für Requisitionen bestimmt[6].

Trotz der Einigkeit über den Requisitionscharakter der betreffenden Arbeitsverhältnisse war die Rechtslage des betreffenden deutschen Personals nicht völlig geklärt. Fraglich war insbesondere, ob neben dem Requisitionsverhältnis noch ein privatrechtliches Arbeitsverhältnis bestand; denn die jeweiligen besatzungsrechtlichen Regelungen hatten die Lohnzahlungspflicht den Ländern auferlegt, und nach einer Direktive des Kontrollrats waren „alle von den alliierten Besatzungsbehörden beschäftigten und von den deutschen Behörden entlohnten Zivilpersonen hinsichtlich der Sozialversicherung wie gewöhnliche Angestellte der deutschen Behörden zu behandeln"[7].

Wie die Alliierten die Situation beurteilten, kann lediglich anhand eines Gutachtens dargelegt werden, das vom Legal Adviser der britischen Besatzungsmacht in Herford anläßlich eines Rechtsstreites vor einem Arbeitsgericht in Schleswig-Holstein erstattet wurde[8]. Nach diesem Gut-

---

[6] Vgl. dazu näher *Neumann-Duesberg* (FN. 1), S. 555, und *Butz* (FN. 1), S. 104; a. A. für die spätere Zeit LAG Hamburg in RdA 1948, S. 74, mit zustimmender Anmerkung von *Beitzke* ebd. S. 76 f.

[7] Direktive Nr. 27 vom 18. März 1946 (ABl des Kontrollrats, S. 146).

[8] Abgedruckt bei *Beitzke:* Zur Rechtsstellung deutscher Arbeitnehmer bei der Besatzungsmacht, in RdA 1949, S. 96 f. Dieselbe Rechtsauffassung wurde nach *Butz* (FN. 1), S. 106 a. E., von „höchsten Militärregierungsstellen" anläßlich der Errichtung der German Civil Labour Organisation geäußert. Die Auffassung der Amerikaner dürfte wesentlich durch eine Spezialuntersuchung von Ernst *Fraenkel* beeinflußt gewesen sein, die während des zweiten Weltkriegs in amerikanischen Militärdienststellen als „must lecture", d. h. als eine Art Lehrbuch für die künftige Besetzung Europas benutzt wurde. *Fraenkel* behandelt die Zeit der Besetzung des Rheinlandes nach dem ersten Weltkrieg und beurteilt die vergleichbare arbeitsrechtliche Situation des deutschen Zivilpersonals wie folgt:

"The German employees' rights to social insurance were protected by an ingenious provision according to which their wages were paid not directly to themselves but to the municipality in which the services were rendered. The municipality, serving as a kind of intermediate employer, had the responsibility of paying the social-securities dues to the respective social institutions and of seeing that the employee punctually received the remainder of his wage. This interesting legal device of an 'intermediate employer' might well have been extended to other aspects of the labor relations between the occupation agencies and their German employees. No direct contractual relations between these two groups would have existed, if the municipality had employed the workers and then provided the occupation agencies with their services. Also, this solution would have permitted a clear distinction between free workers and those whose services were requisitioned."

So Ernst *Fraenkel:* Military Occupation and the Rule of Law. Occupation Government in the Rhineland, 1918—1923, New York 1944, S. 140.

achten waren in Fällen, in denen Deutsche für die Militärregierung arbeiteten, zwei voneinander getrennte Verhältnisse zu unterscheiden: Einmal das dem deutschen Recht unterliegende Verhältnis zwischen dem deutschen Arbeitnehmer und der deutschen Beschäftigungsbehörde und zum anderen die besatzungsrechtliche Vereinbarung zwischen der betreffenden Militärregierung und der deutschen Beschäftigungsbehörde, auf Grund deren die Militärregierung die Dienste des Arbeitnehmers entlieh.

Damit war klar zum Ausdruck gebracht, daß die deutschen Behörden privatrechtlich als Arbeitgeber der Besatzungsbediensteten anzusehen waren. Das wurde besonders deutlich in weiteren Ausführungen des Gutachtens, wonach „das Verhältnis zwischen dem *deutschen Arbeitgeber*[*] und dem Arbeitnehmer" durch das deutsche Recht bestimmt würde und ein Streit hierüber vor dem zuständigen deutschen Arbeitsgericht verhandelt werden könne. Die Vereinbarung zwischen der Militärregierung und der Beschäftigungsbehörde sei dagegen kein Rechtsverhältnis nach deutschem Recht und könne daher auch nicht Gegenstand eines solchen Vertrages sein. Auch die Stellungnahme des Legal Adviser zur Frage der Beendigung der fraglichen Arbeitsverhältnisse ist bezeichnend für den damaligen britischen Rechtsstandpunkt: Die dem deutschen Arbeitnehmer von der Militärregierung ausgesprochene „Kündigung" sei keine echte Kündigung, sondern eine „freiwillige Mitteilung an ihn, daß seine Dienste von der Militärregierung nicht weiter benötigt werden". Sie könne keine weitergehende Bedeutung haben, weil zwischen dem deutschen Arbeitnehmer und der Militärregierung kein Vertragsverhältnis bestünde, und sie bliebe „an sich" auch ohne Wirkung auf dessen Vertragsverhältnis zur deutschen Beschäftigungsbehörde. Für Kündigungsschutzprozesse bedürfe es daher auch keiner Ermächtigung zur Ausübung der Gerichtsbarkeit durch deutsche Gerichte, da die „Kündigung" der Militärregierung das weiterbestehende Arbeitsverhältnis zwischen dem deutschen Arbeitnehmer und seiner deutschen Beschäftigungsbehörde nicht berühre, mithin für den Kündigungsschutzprozeß nicht erheblich sei.

Als wichtigstes Ergebnis dieses Gutachtens des britischen Legal Adviser ist also festzuhalten, daß nach dortiger Auffassung die deutschen Behörden Arbeitgeber der Besatzungsbediensteten waren, und zwar waren die Besatzungsbediensteten Arbeitnehmer im öffentlichen Dienst, die lediglich im Rahmen einer völkerrechtlichen Requisition zu den Alliierten „abkommandiert" wurden. Dem lag der Gedanke zugrunde, daß die deutschen Behörden als Repräsentanten des besiegten deutschen Staates den alliierten Streitkräften die notwendigen Arbeitskräfte zur Bewälti-

---

[*] Hervorhebung vom Verfasser.

gung ihrer verschiedenen Aufgaben zur Verfügung zu stellen hatten. Diese Arbeitskräfte wollten die Alliierten ganz nach ihrem Gutdünken einsetzen und anleiten. Die arbeits- und sozialrechtlichen Fragen sollten hingegen Sache der deutschen Behörden sein.

Beurteilt man diese Lage nach arbeitsrechtlichen Gesichtspunkten, so standen den alliierten Streitkräften alle Rechte des Arbeitgebers zu, während die Pflichten von den deutschen Behörden zu erfüllen waren. Ob dieser Sachverhalt als Leiharbeitsverhältnis zu qualifizieren ist oder ob man wie Beitzke das Gutachten dahin interpretiert, daß die deutschen Behörden mit den deutschen Arbeitnehmern einen Arbeitsvertrag zugunsten Dritter, nämlich zugunsten der alliierten Streitkräfte, abschließen[10], kann dabei an dieser Stelle dahingestellt bleiben, weil hier zunächst nur die historischen Grundlagen der gegenwärtigen Situation aufgezeigt werden sollen.

Die Auffassung des Legal Adviser, die von der Landes-Militärregierung von Nordrhein-Westfalen in einer Stellungnahme vom 3. 8. 1949[11] bestätigt wurde, entsprach auch der faktischen Lage in der amerikanischen Zone. Hier hatten die Länder Bayern und Hessen mit den Gewerkschaften Tarifverträge für die Besatzungsbediensteten abgeschlossen und sich dabei ausdrücklich als Arbeitgeber dieses Personenkreises bekannt[12].

Im Anfang scheinen auch die deutschen Behörden sämtlich der Meinung gewesen zu sein, man müsse die Besatzungsbediensteten den Arbeitnehmern im deutschen öffentlichen Dienst gleichstellen. Für die britische Zone kommt dies im Jahre 1947 in Anordnungen sowohl des Arbeits- als auch des Finanzministers des Landes Nordrhein-Westfalen zum Ausdruck. Der Arbeitsminister ordnete für seinen Bereich durch Rundschreiben[13] an die Arbeitsämter an, daß für die bei der Militärregierung beschäftigten deutschen Arbeitnehmer die jeweiligen Tarifordnungen des öffentlichen Dienstes mit der Maßgabe Geltung hätten, daß an die Stelle der Vergütungsregelungen bei Angestellten eine besondere Gehaltsordnung und bei Arbeitern das ortsübliche Lohnniveau tritt. Ferner heißt es in einem Erlaß des Finanzministers: „Hinsichtlich der Sozialversicherungs- und Steuerabzüge haben die Arbeitsämter die Pflichten des Arbeitgebers zu erfüllen. Das gleiche gilt für die gesetzliche Unfallversicherung[14]." Butz[15] folgerte daraus, daß das deutsche Personal bei Besat-

---

[10] *Beitzke* (FN. 8), S. 97.

[11] Abgedruckt bei *Steffen:* Die britische Verordnung Nr. 174 über die Auslegung von Militärregierungs-Bestimmungen, in RdA 1949, S. 376—378 (378).

[12] So ausdrücklich § 3 Abs. 4 des bayerischen Tarifvertrages, vgl. *Beitzke:* Zur Rechtsstellung deutscher Arbeitnehmer bei der Besatzungsmacht, in RdA 1948, S. 84—89 (84 unter 4c und I).

[13] Rundschreiben Nr. 3 vom 10. Januar 1947, wiedergegeben bei *Butz* (FN. 1), S. 105 unter II 2.

[14] Erlaß vom 30. April 1947, abgedruckt bei *Butz* (FN. 1), S. 106.

zungsbehörden nach deutschem Recht als quasi Landespersonal in einem Privatdienstvertrag und gleichzeitig zur Besatzungsmacht in einem Requisitionsverhältnis stünde.

In den Ländern der französischen und amerikanischen Zone wurden die deutschen Behörden in ihrer Arbeitgeberstellung durch Lohn- und Gehaltsregelungen sowie durch die Festsetzung von Arbeitsbedingungen zurückgedrängt, die von der Besatzungsmacht allmählich aufgestellt wurden[16]. Gleichwohl wurden sie immer noch als Arbeitgeber bezeichnet[17]. Eine entscheidende Änderung trat in der amerikanischen Zone am 1. Oktober 1948 durch das Indigenous Payroll Procedure Manual[18] ein, durch das die amerikanische Truppe in ihrer Zone eigene Lohnstellen[19] innerhalb ihrer sog. Zivilpersonalämter einrichtete und sie anwies, die Gehalts- und Lohntabellen der bisher von den deutschen Behörden abgeschlossenen Tarifverträge als US-Richtlinie anzuwenden. Damit waren die Tarifverträge der Länder Bayern und Hessen durch Besatzungsrecht außer Kraft gesetzt, auch wenn sie nun zum wesentlichen Teil als US-Richtlinie weitergalten. Die Länder waren, abgesehen von ihrer Zahlungspflicht, nicht mehr mit Personalangelegenheiten befaßt. Folgerichtig wurde nun die Besatzungsmacht als Arbeitgeber bezeichnet.

Insgesamt war die Rechtslage der bei den Alliierten beschäftigten deutschen Arbeitnehmer also unübersichtlich und in wesentlichen Punkten unklar. Typisch für die Gesamtsituation war die Lage in Berlin. Bis auf die eben erwähnte VO der Alliierten Kommandantura vom 17. Dezember 1945[20] bestand keine einheitliche Regelung: Die Arbeitsbedingungen der Besatzungsbediensteten waren von Sektor zu Sektor verschieden[21].

2. Die deutschen Bestrebungen um eine Vereinheitlichung

Aus diesem Grunde strebten die deutschen Behörden recht bald eine Vereinheitlichung der Arbeitsbedingungen sämtlicher bei den Besat-

---
[15] FN. 1, S. 106. Demgegenüber nimmt *Neumann-Duesberg* (FN. 1) an, zwischen den Besatzungsbediensteten und den deutschen Behörden bestünde ein Vertragsverhältnis sui generis. Warum er dieses Vertragsverhältnis nicht als Arbeitsverhältnis qualifiziert, ist nicht recht klar. Denn daß Arbeitgeberbefugnisse auch anderen als dem Arbeitgeber oder daß sie einem weiteren Arbeitgeber zustehen können, zeigt die Figur des Leiharbeitsverhältnisses.
[16] Vgl. *Pretzsch/Schalkhäuser/Rechenberg:* Das Recht der Arbeitnehmer der Streitkräfte, 1955, S. 35.
[17] Vgl. den Inhalt entsprechender Befehle, wiedergegeben bei *Wiegleb* (FN. 1) S. 302, der allerdings den entsprechenden Formulierungen „keinen besonderen Beweiswert" zuspricht.
[18] Vgl. *Wiegleb* ebd.
[19] Die Errichtung erfolgte durch Ausgliederung und Übernahme der bisherigen Lohnstellen der deutschen Besatzungskostenämter, so *Wiegleb* ebd.
[20] Vgl. FN. 4.
[21] So *Beitzke* (FN. 12), S. 84 unter 4 b.

zungsmächten beschäftigten deutschen Arbeitnehmer an. Dem standen die Alliierten positiv gegenüber[22]. Bereits anläßlich der ersten Verhandlungen der deutschen Länderregierungen mit der britischen Militärregierung kam jedoch die Entschlossenheit der deutschen Stellen zum Ausdruck, sich der Rolle des Arbeitgebers der Besatzungsbediensteten zu entziehen. In einer Besprechung vom 12. Juli 1949 in Hannover lehnten die Ländervertreter den Wunsch der Militärregierung ab, die Arbeitgeberfunktion zu übernehmen. Die Militärregierung gab darauf diesem Standpunkt am 20. Juli 1949 nach und erklärte es für ausreichend, wenn die Länder einzelne arbeitsrechtliche Funktionen wie die Festsetzung von Löhnen und Gehältern übernehmen würden. Der von der deutschen Verwaltung für Arbeit ausgearbeitete Gesetzentwurf vom 4. Oktober 1949 sah dementsprechend vor, daß Arbeitgeber der bei der Besatzungsmacht beschäftigten deutschen Arbeitnehmer die Besatzungsmacht sein sollte[23].

Da der Grund für diese Haltung der deutschen Stellen nicht ausgesprochen wurde, ist man auf Vermutungen angewiesen. Denkbar wäre immerhin, daß die Arbeitgeberrolle aus rechtsdogmatischen Gründen abgelehnt wurde, weil die betreffenden Arbeitnehmer bei „natürlicher" Betrachtung nicht bei den Deutschen, sondern bei den Alliierten arbeiteten. Es könnte also sein, daß die deutsche Seite ihre bloße Zahlfunktion nicht als Arbeitgeberfunktion ansah. Tatsächlich war ja auch bisher schon in Literatur und Rechtsprechung die Meinung vertreten worden, die deutschen Stellen seien nicht Arbeitgeber des deutschen Personals der Besatzungsmächte[24]. Indessen ist zu berücksichtigen, daß auch nach damaliger Rechtsauffassung die Tatsache, daß die Besatzungsmächte alle Rechte eines Arbeitgebers ausübten, die Annahme einer Arbeitgeberstellung der deutschen Behörden nicht ausschloß, solange diese die Pflichten eines Arbeitgebers hatten. Figuren wie der Arbeitsvertrag zugunsten Dritter oder das Leiharbeitsverhältnis, bei denen dem Arbeitgeber wenig mehr als die Lohnzahlung verblieb, waren der damaligen Arbeitsrechtsdogmatik durchaus bekannt. Es ist also schwer vorstellbar, daß die deutschen Stellen gegenüber den Alliierten einen Standpunkt mit erheblichem Nachdruck vertraten, nur weil sie eine bestimmte noch nicht einmal

---

[22] *Pretzsch/Schalkhäuser/Rechenberg* (FN. 16), S. 35.

[23] Diese Angaben entstammen dem Vorwort der Schriftleitung zur Veröffentlichung von *Dästner:* Zum Kündigungsverfahren der Arbeitnehmer bei der britischen Besatzungsmacht, in RdA 1950, S. 100. Die Originalunterlagen sind — wie das meiste Material aus der Zeit bis 1955 — nicht veröffentlicht (vgl. auch *Beitzke* (FN. 2), S. 84 unter 2).

[24] In diesem Sinne *Neumann-Duesberg* (FN. 1), S. 555 unter 1 c; vgl. auch *Beitzke* (FN. 2), S. 84 unter I, der allerdings einräumt, daß man die Arbeitgeberstellung auch als geteilt zwischen der Besatzungsmacht und den deutschen Behörden ansehen könne. Vgl. ferner LAG Hamm in RdA 1948, S. 71 (72), und LAG Hamburg in RdA 1948, S. 63.

unangreifbare arbeitsrechtliche Theorie vertraten. Eine solche Haltung war zumal in einer Zeit unangebracht, in der es darauf ankam, im Verhältnis zu den Besatzungsmächten ein gutes Klima zu schaffen. Ohnehin pflegen ja in politischen Verhandlungen rechtsdogmatische Gesichtspunkte kaum eine Rolle zu spielen. Meist werden umgekehrt dogmatische Gesichtspunkte nur dazu benutzt, politisch getroffene Entscheidungen nachträglich zu begründen oder zu verschleiern.

Es müssen also handfestere Motive für die deutsche Unnachgiebigkeit gegenüber den Wünschen der Besatzungsmächte vorgelegen haben. Diese sind wohl darin zu sehen, daß die deutschen Länder durch ausdrückliche Anerkennung ihrer Arbeitgebereigenschaft weiteren finanziellen Belastungen ausgesetzt worden wären. Solange nämlich die deutschen Verpflichtungen auf die Lohnzahlung sowie die Leistungen an die Sozialversicherung und die gesetzliche Unfallversicherung beschränkt waren, wurde eine Reihe von Verpflichtungen vermieden, die eine Arbeitgeberstellung mit sich gebracht hätte. Mit der Anerkennung der Arbeitgeberstellung wäre nämlich klargestellt worden, daß es sich bei den betreffenden Arbeitsverhältnissen um deutschen öffentlichen Dienst handelte. Die Konsequenz hieraus wäre gewesen, daß die Besatzungsbediensteten hinsichtlich ihrer Versorgungsansprüche mit den übrigen Arbeitnehmern im deutschen öffentlichen Dienst gleichzustellen waren. Auch wäre für die Berechnung der Beschäftigungszeit im öffentlichen Dienst, die über die Versorgungsbezüge sowie über die laufenden Bezüge und über die Kündigungsfristen entscheidet, eine etwaige frühere Anstellungszeit im deutschen öffentlichen Dienst und die Zeit bei den alliierten Streitkräften mitzurechnen gewesen. Sah man hingegen die Zeit bei den Alliierten nicht als öffentlichen Dienst an, weil die Länder nicht als Arbeitgeber fungierten, so entfiel eine Anrechnung früherer Beschäftigungszeit im öffentlichen Dienst. Daß bei Anerkennung der Arbeitgebereigenschaft der deutschen Stellen aus diesem Umstand eine erhebliche Haushaltsbelastung erwachsen wäre, folgt bereits daraus, daß die meisten Besatzungsbediensteten mehrere Jahre anerkennungspflichtigen Militärdienst geleistet hatten.

Es erscheint naheliegend, daß den Ländern daran lag, diese Belastung von sich abzuwenden. Da nun die ungeklärte rechtliche Situation die Möglichkeit bot, sich der Arbeitgeberrolle „juristisch einwandfrei" zu entziehen, war es einfach, ohne Darlegung der eigentlichen materiellen Interessen einen Standpunkt zu vertreten, der zwar einem großen Personenkreis erhebliche Nachteile brachte, der aber in den Augen der breiten Öffentlichkeit nicht offensichtlich „ungerecht" war. Denn es war jedermann erkennbar, daß die deutschen Arbeitnehmer nicht „beim Staat", sondern bei den „Alliierten" arbeiteten und damit wenig für die Arbeitgebereigenschaft der Länder sprach. Der nicht hinreichend untersuchte Arbeitgeberbegriff bot also die Möglichkeit, eine nach materiellen Interessen getroffene Entscheidung zu rechtfertigen, die schon vom rein Juristischen her, im übrigen aber der Sache nach außerordentlich zweifelhaft war.

Die Ablehnung der Arbeitgeberstellung durch deutsche Stellen wurde auch in Tarifverhandlungen bekräftigt, die 1950 auf entsprechende deutsche Vereinheitlichungsbestrebungen und auf Anregung der Alliierten Hohen Kommission zwischen Vertretern der Bundesregierung und den Gewerkschaften zustandekamen. Der aus diesen Verhandlungen hervorgegangene Entwurf einer bundeseinheitlichen „Kollektivregelung der Lohn- und Arbeitsbedingungen", der in wesentlichen Teilen den Grundsätzen des deutschen öffentlichen Dienstes folgte, wurde Anfang 1951 der AHK zur Genehmigung vorgelegt und von dieser im Prinzip begrüßt. Doch wünschte man eine Verbesserung der materiellen Lage der betroffenen Arbeitnehmer in Anlehnung an die übliche Entlohnung in der Privatwirtschaft[25]. Wenn der daraufhin abgeänderte Entwurf auch nicht in allen Bundesländern Geltung erlangte, so bildete er doch die Grundlage für eine Tarifregelung für alle Besatzungsbediensteten in der Bonner Enklave, und zwar der „Tarifregelung für die Arbeitnehmer bei den Dienststellen der Besatzungsbehörden und Besatzungsstreitkräfte in der Bonner Enklave", die am 19. September 1951 zwischen der Bundesrepublik Deutschland und den Gewerkschaften (ÖTV, IG-Metall, IG-Nahrung, Genuß und Gaststätten, Bau-Steine-Erden, Textil-Bekleidung und DAG) abgeschlossen und am 5. Oktober 1951 von der Alliierten Hohen Kommission genehmigt wurde[26]. Damit war erstmalig eine einheitliche Regelung für die Beschäftigten aller drei westlichen Besatzungsmächte geschaffen.

Die Tarifregelung der Bonner Enklave regelte inhaltlich allgemeine Tariffragen wie Arbeitszeit, Lohn und Gehalt im Krankheitsfall, Urlaub, Kündigungsfristen, Lohn- und Gehaltsgruppen. Zur Frage, wer Arbeitgeber war, wird jedoch keine Stellung genommen. Auch das Genehmigungsschreiben der Alliierten ist nicht eindeutig. Die betreffende Passage des Schreibens lautet:

„Die Alliierte Hohe Kommission hält es außerdem für wünschenswert, die Bundesrepublik daran zu erinnern, daß die Tarifregelung für die Enklave Bonn von den Alliierten Behörden im Rahmen der von der Alliierten Hohen Kommission aufgestellten Grundsätzen durchgeführt werden wird... In Wirklichkeit würde dies bedeuten, daß jedes nationale Element (d. h. jede einzelne Besatzungsmacht) entweder im vollen Umfange die Rechte des Arbeitgebers selbst übernehmen oder seine gesamten Befugnisse auf diesem Gebiet oder einem Teil hiervon auf die zuständige deutsche Behörde übertragen wird[27]."

---

[25] *Pretzsch/Schalkhäuser/Rechenberg* (FN. 16), S. 35.
[26] MinBlFin. 1951, S. 453—466.
[27] Ebd. S. 466.

Die Wendung, die Alliierte Hohe Kommission wolle die Bundesrepublik „daran erinnern", zeigt, daß die Alliierten einen von den deutschen Vorstellungen oder Wünschen abweichenden Standpunkt vertraten. Da die deutschen Behörden eine Arbeitgeberposition ablehnten, hat die Kommission sich also offensichtlich vorbehalten wollen, daß die einzelnen nationalen Besatzungsdienststellen ihnen gleichwohl die gesamte Arbeitgeberstellung oder einzelne Arbeitgeberfunktionen kraft Besatzungsrecht übertrugen. Gleichwohl ging der Bundesminister der Finanzen ohne weiteres davon aus, daß die Tätigkeit bei den Alliierten „kein Arbeitsverhältnis des deutschen öffentlichen Dienstes im Sinne der besoldungsrechtlichen, versorgungsrechtlichen und tarifrechtlichen Vorschriften"[28] sei.

Trotz der in der Präambel zur Bonner Tarifregelung ausgesprochenen „Erwartung, daß in Kürze eine allgemeine Tarifregelung für das Bundesgebiet abgeschlossen wird", dauerte es noch 2½ Jahre, bis die Verhandlungen zwischen den drei beteiligten Stellen, die sich im Detail schwierig gestalteten, zum Abschluß kamen. Dann aber wurde am 28. Januar 1955 von der Bundesrepublik Deutschland und den Gewerkschaften (ÖTV, IG-Metall, IG-Nahrung, Genuß, Gaststätten, IG-Bau-Steine-Erden, IG-Druck und Papier, Gewerkschaft Erziehung und Wissenschaft) der erste bundeseinheitliche Tarifvertrag unterzeichnet (TV AL I) und am gleichen Tage von der Alliierten Hohen Kommission genehmigt[29].

Vom Standpunkt der herrschenden deutschen Auffassung, nach der die Bundesrepublik keine Arbeitgebereigenschaft hatte, bestanden allerdings gegen die Legitimation der Bundesrepublik zum Abschluß eines solchen Vertrages erhebliche Bedenken. Denn wenn die Bundesrepublik nicht Arbeitgeber der betreffenden Besatzungsbediensteten war, dann erfüllte sie auch nicht die Voraussetzungen, die das Tarifvertragsgesetz für die Tariffähigkeit aufstellt (vgl. §§ 2, 3 TVG). Um diese Unstimmigkeit zu beseitigen, griff die Literatur zu recht ungewöhnlichen Konstruktionen. Während der Referentenkommentar von Pretzsch/Schalkhäuser/Rechenberg die Meinung vertrat, es handele sich hier um einen Tarifvertrag eigener Art mit allen Rechtswirkungen eines solchen, obwohl ihn die Bundesrepublik nur im Auftrag der tatsächlichen Arbeitgeber abgeschlossen habe und obwohl die klassischen Voraussetzungen der §§ 2 und 3 TVG nicht im vollen Umfange erfüllt seien[30], bemühte Beitzke den „Vertrag zugunsten Dritter, worin der Bund den Gewerkschaften verspricht, die Arbeitnehmer nach den Sätzen des Tarifs zu entlohnen und auch sonst

---

[28] Rundschreiben des Bundesministers der Finanzen vom 29. Februar 1952 betreffend Rechtsstellung der Beschäftigten bei der Besatzungsmacht, MinBlFin. 1952, S. 79 f.
[29] MinBlFin. 1955, S. 38 ff.
[30] So FN. 16, S. 21 f.

entsprechend den tariflichen Bestimmungen zu behandeln"[31]. Beide Erklärungsversuche verweisen darauf, daß die Bundesrepublik nach Art. 120 GG die Besatzungslasten als Bundessache anerkannt und die Aufwendungen für die Arbeitskräfte im Dienste der Besatzungsmächte ausdrücklich übernommen habe. Es entspreche daher der staatsrechtlichen Verpflichtung der Bundesrepublik, „im Interesse ihrer Staatsbürger die Mittlerrolle zwischen den exterritorialen Besatzungsmächten und den Gewerkschaften zu übernehmen"[32]. Die Zuständigkeit des Bundes ergäbe sich aus der Kostenfrage.

Daß diese Argumentationen wenig überzeugen konnten, mußte den Autoren selbst klar sein, und zwar einmal, weil der Abschluß von Tarifverträgen eine typische Arbeitgeberfunktion ist, und zum anderen, weil Konstruktionen wie die ihren Umgehungen der Vorschriften über die Tariffähigkeit darstellen, die nicht im Sinne des Tarifvertragsgesetzes sein können. Verträge eigener Art, die die Wirkung von Tarifverträgen haben sollen, aber nicht den Voraussetzungen des Tarifvertragsgesetzes entsprechen, sind mit dem TVG nicht zu vereinbaren. Das BAG konnte dieser Feststellung in einer zentralen Entscheidung vom 25. Dezember 1957[33] nur deshalb ausweichen, weil Mitte 1955 mit Außerkrafttreten des Besatzungsstatuts die sogenannten Pariser Verträge und damit auch der Vertrag über die Rechte und Pflichten ausländischer Streitkräfte und ihrer Mitglieder in der Bundesrepublik Deutschland in Kraft traten.

II. Unter der Geltung des Truppenvertrages

Dieser sogenannte Truppenvertrag[34] enthielt in Art. 44 Abs. 5 eine Bestimmung, derzufolge es den deutschen Behörden oblag, im Einverständnis mit den Behörden der Streitkräfte „gegebenenfalls" Tarifverträge für die deutschen Beschäftigten bei den alliierten Truppen abzuschließen. Diese Bestimmung sah nun das BAG als Grundlage der Tariffähigkeit der Bundesrepublik an[35]. Art. 44 Abs. 5 des Truppenvertrages sei, so meinte es, eine Erweiterung von § 2 TVG. Der Bundesrepublik sei durch diese Bestimmung die Tariffähigkeit und Tarifzuständigkeit gegeben, obwohl sie nicht Arbeitgeber sei.

---

[31] *Beitzke:* Die Neuregelung der Rechtsverhältnisse von Arbeitnehmern bei der Besatzungsmacht, in RdA 1955, S. 83—88, 83.
[32] *Pretzsch/Schalkhäuser/Rechenberg* (FN. 16), S. 20.
[33] 1 AZR 87/57 — BAG 5, 130 — AP Nr. 11 zu Art. 44 Truppenvertrag (mit Anmerkung von *Beitzke*) — BB 1958, S. 304 (mit Anmerkung von *Hilger* auf S. 417) — BABl 1958, S. 253 (mit Anmerkung von *Reichel*).
[34] BGBl 1954 II 57 ff.; 1955 II S. 223 ff.
[35] BAG 5, 130 (137).

Diese Auffassung ist äußerst zweifelhaft[36]. Zunächst einmal läßt sie sich nur dann halten, wenn man Art. 44 Abs. 5 rückwirkende Kraft beilegt[37]. Dann aber ist diese Konstruktion nicht geeignet, die Rechtslage im vergleichbaren Gebiet von West-Berlin zu erklären, wo der Truppenvertrag bekanntlich nicht galt. Hier wurde am 2. Juli 1956 ein dem TV AL I entsprechender Tarifvertrag zwischen dem Land Berlin und 2 Gewerkschaften (ÖTV und DAG) abgeschlossen, der mit geringfügigen Abweichungen mit diesem übereinstimmte (TV B I). Aus der Tatsache der Anerkennung dieses Vertrages durch die Alliierte Kommandantura Berlin[38], die unter bestimmten, in einer Anordnung festgelegten Vorbehalten[39] ausgesprochen wurde, kann man jedenfalls die Tariffähigkeit des Landes Berlin nicht herleiten, wenn man im übrigen seine Arbeitgebereigenschaft verneint. Dagegen bereitet die Bejahung der Tariffähigkeit Berlins keine Schwierigkeit, wenn man Berlin auch als Arbeitgeber des betreffenden Personenkreises ansieht. In der Tat hat das BAG in einer Entscheidung vom 22. Dezember 1956[40], also nach Abschluß des TV AL I und nach Inkrafttreten des Truppenvertrages, das Land Nordrhein-Westfalen hinsichtlich seiner Befugnis zur Tarifeinstufung als Arbeitgeber angesehen, wobei es allerdings noch um Fragen des früheren Rechtszustandes ging[41].

Mit den Pariser Verträgen hat die Bundesrepublik die volle staatliche Souveränität erlangt, so daß nunmehr auf jeden Fall die völkerrechtliche Requisition als Rechtsgrundlage der fraglichen Arbeitsverhältnisse entfiel.

III. Unter der Geltung des NATO-Truppenstatuts

Der TV AL I und der TV B I blieben mehr als 10 Jahre in Geltung. Selbst nach der Ablösung des Truppenvertrages durch das NATO-Truppenstatut[42], das durch Art. IX Abs. 4 und Art. 56 des Zusatzabkom-

---

[36] So mit Recht *A. Nikisch:* Arbeitsrecht, Bd. I, 3. Aufl. 1961, § 17 II 1, S. 146. Wir werden sogleich eingehend darauf zurückkommen.

[37] So in der Tat *Pretzsch/Schalkhäuser/Rechenberg* (FN. 16), S. 22 und *Beitze* (FN. 33). „Ein ausgesprochener Notbehelf" *(Nikisch* ebd.)! Gegen die Rückwirkung BAG 2, 134 (136).

[38] Schreiben vom 2. Juli 1956 (BK/L (56) 19), abgedruckt in der ÖTV-Ausgabe des Tarifvertrags, 1956, S. 59 f.

[39] Anordnung vom 2. Juli 1956 (BK/O (56) 9), abgedruckt ebd., S. 57—59.

[40] 3 AZR 135/54 — AP Nr. 6 zu Art. 44 Truppenvertrag mit Anmerkung von *Beitzke.*

[41] Wenn sich *Beitzke* ebd. gegen diese Auffassung des BAG wendet, läßt sich das kaum mit seiner in RdA 1948, S. 84 unter I geäußerten Meinung vereinbaren, derzufolge man die Arbeitgeberstellung auch als geteilt zwischen Besatzungsmacht und deutschen Behörden ansehen könne.

[42] BGBl 1961 II 1183.

mens[43] die Rechtsverhältnisse des deutschen Personals der drei Westmächte und der übrigen in der Bundesrepublik stationierten NATO-Truppen neu regelte, dauerte es mehrere Jahre, bis neue Tarifverträge abgeschlossen wurden. Art. 56 des Zusatzabkommens, das seit dem 1. Juli 1963 in Kraft ist[44], hielt im wesentlichen die Regelung von Art. 54 des Truppenvertrages aufrecht und entschied Fragen betriebsverfassungsrechtlicher Art, die unter der Geltung des Truppenvertrages Anlaß zu Streitigkeiten gegeben hatten.

Im einzelnen zeigt auch die neue Regelung, daß trotz der grundlegenden Wandlung der völkerrechtlichen Situation die faktische Handhabung in den wesentlichen Punkten gleichgeblieben ist. Dies folgt bereits aus Art. IX Abs. 4 Satz 1 des NATO-Truppenstatuts. Danach wird „der örtliche Bedarf einer Truppe oder eines zivilen Gefolges an zivilen Arbeitskräften in gleicher Weise wie der vergleichbare Bedarf des Aufnahmestaates und mit Unterstützung seiner Behörden über die Arbeitsvermittlungsstellen befriedigt". Das entspricht dem Verfahren nach 1945, als die von den Besatzungstruppen benötigten Arbeitskräfte von den jeweiligen Arbeitsämtern oder anderen Arbeitsbehörden eingestellt wurden. Gleiches gilt für die Einzelregelungen von Art. 56 des „Zusatzabkommens zu dem Abkommen zwischen den Parteien des Nordatlantik-Vertrages über die Rechtsstellung ihrer Truppen hinsichtlich der in der Bundesrepublik Deutschland stationierten ausländischen Truppen". Allerdings wird hier ausdrücklich die von deutscher Seite schon seit 1949 vertretene Auffassung sanktioniert, daß der Zivildienst bei den ausländischen Streitkräften nicht als deutscher öffentlicher Dienst anzusehen ist (Art. 56 Abs. 1 lit. f. Zusatzabkommen: „Die Tätigkeit der zivilen Arbeitskräfte bei einer Truppe und einem zivilen Gefolge gilt nicht als Tätigkeit im deutschen öffentlichen Dienst").

Schon in diesem Zusammenhang ist jedoch hervorzuheben, daß das Zusatzabkommen selbst von einer funktionellen Identität der Tätigkeit bei den ausländischen Streitkräften und dem deutschen öffentlichen Dienst ausgeht. Anders ist es nämlich nicht zu verstehen, daß generell auf die für die zivilen Bediensteten bei der Bundeswehr geltenden Vorschriften verwiesen wird. So erklärt Art. 56 Abs. 1 lit. a des Zusatzabkommens die entsprechenden arbeitsrechtlichen Vorschriften mit Ausnahme der Dienstordnungen und der tariflichen Bestimmungen für anwendbar, soweit nichts anderes bestimmt ist, und Art. 56 Abs. 9 bestimmt unter den gleichen Voraussetzungen die Anwendbarkeit der Vorschriften über die Personalvertretung ziviler Arbeitskräfte.

Die gleiche Inkonsequenz der Regelung findet sich bezüglich der Funktionenteilung zwischen den Behörden der ausländischen Truppen und den

---
[43] BGBl 1961 II 1218.
[44] BGBl 1963 II 745.

zuständigen deutschen Stellen. Die ausländischen Behörden haben nach Art. 56 Abs. 6 gegenüber den deutschen Arbeitskräften die Befugnis zur Einstellung, (in gewissem Umfang) zur Tarifeinstufung, zur Zuweisung des Arbeitsplatzes, Ausbildung, Versetzung, Kündigung und Entgegennahme von Kündigungen. Das sind eine Reihe wichtiger Arbeitgeberbefugnisse. Dann aber folgt aus Abs. 7 des Art. 56, daß bei der Tarifeinstufung von einem Zusammenwirken der ausländischen mit den deutschen Behörden ausgegangen wird. Denn die Einstellung durch die ausländische Behörde erfolgt nach Abs. 7 lit. a nur vorläufig und bedarf der Zustimmung der jeweils zuständigen Behörde. Wird diese nicht gegeben, so wird über die Einstufung „im Benehmen mit den Behörden der Truppe oder des zivilen Gefolges und den deutschen Behörden entschieden". Neben dieser für das Einzelarbeitsverhältnis erheblichen Befugnis der Einstufung haben die deutschen Behörden nach Art. 56 des Zusatzabkommens noch eine Reihe weiterer zentraler Arbeitgeberfunktionen. Nach Abs. 5 obliegt es ihnen, im Einvernehmen mit den ausländischen Behörden „die als Grundlage für die einzelnen Arbeitsverträge dienenden Arbeitsbedingungen, einschließlich der Löhne, der Gehälter und der Einreihung der einzelnen Tätigkeitsarten in Lohn- und Gehaltsgruppen, festzusetzen und Tarifverträge abzuschließen und das Entlohnungsverfahren zu regeln". Ferner sind nach Abs. 8 Klagen gegen den Arbeitgeber gegen die Bundesrepublik zu richten und Klagen für den Arbeitgeber von der Bundesrepublik zu erheben. Die deutschen Stellen haben also die kollektivrechtliche und die prozessuale Position des Arbeitgebers.

Auf der Grundlage dieser neuen Bestimmungen des NATO-Truppenstatuts nebst Zusatzabkommen wurde dann zwischen der Bundesrepublik und den Gewerkschaften mit Wirkung vom 1. Januar 1967 der Tarifvertrag TV AL II[45] abgeschlossen, der gegenwärtig in Kraft ist.

IV. Die Rechtslage in West-Berlin

Wie schon der Truppenvertrag für West-Berlin nicht galt, so gehört West-Berlin wegen seiner besonderen völkerrechtlichen Lage auch nicht in den Geltungsbereich des NATO-Truppenstatuts und des Zusatzabkommens. Grundlage für die Beziehungen des Landes Berlin zu den alliierten Besatzungsmächten ist immer noch das Kleine Besatzungsstatut, das im wesentlichen auf der Erklärung der Alliierten Kommandantura der Stadt Berlin vom 5. Mai 1955 über die Stellung West-Berlins nach dem Inkrafttreten der Pariser Verträge beruht[46]. Zwar schränkt es die Hoheitsbefug-

---

[45] MinBlFin. 1967, S. 118 ff.
[46] GVBl 1955, S. 335; abgedruckt in: Dokumente zur Berlin-Frage 1944—1962, 2. Aufl. 1962. Dort sind alle Dokumente hinsichtlich des „Kleinen Besatzungs-

nis des Landes Berlin nach Möglichkeit wenig ein, läßt aber doch keinen Zweifel daran, daß die oberste Gewalt bei den Besatzungsmächten liegt. Nach Inkrafttreten des NATO-Truppenstatuts nebst Zusatzabkommen erließ die Alliierte Kommandantura eine Anordnung[47], die entsprechend den Verhältnissen in der Bundesrepublik die Beschäftigungsverhältnisse des deutschen Personals für West-Berlin neu regelt, aber in wesentlichen Punkten — die wiederum kennzeichnend für die besondere Situation West-Berlins sind — von der Regelung in der Bundesrepublik abweicht. Es ist erstaunlich, daß in der arbeitsrechtlichen Literatur, die auf die Arbeitsverhältnisse der deutschen Arbeitnehmer bei den ausländischen Streitkräften eingeht, nur die Verhältnisse in der Bundesrepublik behandelt werden, ohne daß auf den abweichenden Rechtszustand in West-Berlin auch nur hingewiesen wird.

Der Text der Alliierten Anordnung geht von der Auffassung des Art. 56 des Zusatzabkommens aus, enthält aber Zusätze, die den Besatzungsmächten in West-Berlin eine stärkere Stellung verleihen als den entsprechenden ausländischen Behörden in der Bundesrepublik. Wie nach Art. 56 Art. 1 lit. c Zusatzabkommen steht den deutschen Arbeitnehmern auch nach Nr. 2 lit. d der Anordnung ein Recht auf tatsächliche Beschäftigung nicht zu. Auch die Frage der Auflösung des Arbeitsverhältnisses durch Kündigung und die Wirkungen der Kündigungsschutzklage sind in Nr. 2 lit. c der Anordnung so geregelt wie in Art. 56 Abs. 2 des Zusatzabkommens. Während aber nach Art. 56 Abs. 3 des Zusatzabkommens auf die deutschen Beschäftigten die Vorschriften des deutschen Rechts über die Sozialversicherung einschließlich Unfallversicherung, über die Arbeitslosenversicherung und über das Kindergeld unbeschränkt anzuwenden sind, gilt dies nach Nr. 2 lit. d der Anordnung nur hinsichtlich des Sozialversicherungsrechts einschließlich der Unfall- und Arbeitslosenversicherung. Im übrigen liegt es nach Nr. 2 lit. d „im Ermessen eines Sektorenkommandanten, zu entscheiden, inwieweit seine Behörden und Streitkräfte auf folgenden Gebieten dem deutschen Recht Folge leisten:

(1) Gesundheit, Sicherheit (Unfallverhütung und Schutzmaßnahmen) und Vergünstigungen
(2) Inspektionen von Einrichtungen oder Anlagen der Besatzungsbehörden oder -streitkräfte durch Vertreter deutscher Behörden".

Auch in betriebsverfassungsrechtlicher Hinsicht wurden den Arbeitnehmern in Berlin nicht die Rechte des entsprechenden Arbeitnehmerkreises in der Bundesrepublik eingeräumt. Während Art. 56 Abs. 9 des Zusatzabkommens und die korrespondierenden Abmachungen des Unter-

---

statuts" und seiner Änderungen wiedergegeben (vgl. die Nachweise im Register unter dem Stichwort „Besatzungsstatut für Berlin").

[47] Anordnung BK/O (65) 10 über das bei den Besatzungsbehörden und -streitkräften in Berlin beschäftigte nicht-alliierte Personal vom 27. September 1965 (GVBl S. 1431).

zeichnungsprotokolls auf die Regelung der Personalvertretung bei der Bundeswehr verweisen, bleibt es in Berlin nach Nr. 2 lit. d Nr. III der Anordnung bei dem früheren Rechtszustand, nämlich bei dem im Anhang zum TV AL I enthaltenen „Muster einer Betriebsvereinbarung für Betriebe der Streitkräfte"[48], das keine die Arbeitnehmer befriedigende Lösung darstellt[49].

Eine weitere Abweichung gegenüber dem Zusatzabkommen betrifft die Tarifeinstufung. Während Art. 56 Abs. 7 lit. a des Zusatzabkommens für den Fall der mangelnden deutschen Genehmigung der vorläufigen Einstufung durch die ausländischen Behörden lediglich vorsieht, daß dann über die Einstufung im Benehmen zwischen den ausländischen und den deutschen Behörden entschieden wird, räumt Nr. 5 Satz 5 der Anordnung den Alliierten die eigentliche Entscheidungsbefugnis ein: „Falls ein Übereinkommen nicht erzielt wird, bleibt die durch die alliierten Behörden vorgenommene Einstufung bestehen."

Auch hinsichtlich der deutschen Gerichtsbarkeit besteht in Berlin eine Einschränkung. Zwar sind die Gerichte in Arbeitssachen grundsätzlich ermächtigt, in Streitigkeiten aus dem Arbeitsverhältnis der Besatzungsbediensteten die Gerichtsbarkeit auszuüben. Aber in Nr. 6 Satz 2 der Anordnung wird betont, daß diese Ermächtigung aufgrund des Kleinen Besatzungsstatuts in einzelnen Fällen von dem jeweiligen Sektorenkommandanten widerrufen werden kann, „wenn er meint, daß ein schwerer Verstoß gegen die militärische Sicherheit vorliegt".

Für die Prozeßführung in derartigen Streitigkeiten legt die Anordnung übereinstimmend mit dem Zusatzabkommen fest, daß Klagen gegen den Arbeitgeber gegen das Land Berlin zu richten sind und Klagen für den Arbeitgeber vom Land Berlin erhoben werden. In einem Klammerzusatz wird diese Prozeßsituation dann aber als „Prozeßstandschaft" bezeichnet, womit auf Ausführungen der deutschen arbeitsrechtlichen Literatur zurückgegriffen wurde[50]. Daß die Aufnahme dieses Begriffs in die Anordnung kaum auf die Alliierten zurückgehen dürfte, liegt auf der Hand. Obwohl und weil die Anordnung nicht die Klausel des Art. 56 Abs. 1 lit. f des Zusatzabkommens enthält, derzufolge die Tätigkeit der deutschen

---

[48] Abgedruckt im Anhang zum TV AL I in MinBlFin. 1955, Nr. 3, S. 38 ff., und bei *Pretzsch/Schalkhäuser/Rechenberg* (FN. 16), S. 301—304.

[49] Vgl. *Beitzke* (FN. 1) unter G (Bl. 9) mit weiteren Nachweisen.

[50] Vgl. *Pretzsch/Schalkhäuser/Rechenberg* (FN. 16), S. 30. Diese Auffassung fand bereits Niederschlag in der Anordnung BK/O (56) 9 vom 2. Juli 1956, der Vorgängerin der jetzt geltenden Anordnung BK/O (65) 10 (Nr. 3). Das BAG war in seiner zentralen Entscheidung BAG 5, 130 (137) in der Konstruktion zurückhaltender, indem es ausführte: „Es wird ... der ... besonderen Lage dadurch Rechnung getragen, daß völkerrechtsvertraglich ex lege vorbehaltlich des Ausgleichs im Innenverhältnis ein befreiender Schuldübergang besonderer Art zu Lasten der Bundesrepublik und ihre Passiv-Legitimation für Prozesse eintritt." Auf diese Konstruktion wird später einzugehen sein.

Arbeitnehmer bei der ausländischen Stelle nicht als Tätigkeit im deutschen öffentlichen Dienst gilt, sollte mit der Bezeichnung der Aktiv- und Passivlegitimation des Landes Berlin als Prozeßstandschaft zum Ausdruck gebracht werden, daß die deutsche Seite nicht als Arbeitgeber und die Tätigkeit bei den Alliierten nicht als Tätigkeit im deutschen öffentlichen Dienst anzusehen ist.

Hinsichtlich der Tariffähigkeit des Landes Berlin weicht der Wortlaut der Anordnung ebenfalls vom Zusatzabkommen (Art. 56 Abs. 5) ab, indem es dort heißt, es obliege den deutschen Behörden, *auf Weisung der alliierten Behörden* und im Einvernehmen mit ihnen Tarifverträge abzuschließen (Nr. 3 a).

Gegen verschiedene Vorschriften des Zusatzabkommens, die auch in der Anordnung enthalten sind, bestehen Bedenken verfassungsrechtlicher Art. Es handelt sich dabei um die Bestimmung, daß der Arbeitnehmer nach erfolgreicher Kündigungsschutzklage keinen Anspruch auf Weiterbeschäftigung hat, wenn dies abgelehnt wird, sondern lediglich einen Anspruch auf Abfindung (Art. 56 Abs. 2 des Zusatzabkommens, Nr. 2 lit. c der Anordnung); ferner um die Bestimmung, daß der Arbeitnehmer kein Recht auf tatsächliche Beschäftigung hat (Art. 56 Abs. 1 lit. c des Zusatzabkommens, Nr. 2 lit. b der Anordnung) und schließlich um die Bestimmungen, die das Personalvertretungsrecht einschränken (Art. 56 Abs. 9 des Zusatzabkommens nebst ergänzenden Regelungen des Unterzeichnungsprotokolls, Nr. 2 lit. a der Anordnung). Die Frage der Verfassungsmäßigkeit dieser Bestimmungen ist für das Zusatzabkommen in der Literatur eingehend erörtert worden[51]. Für die Rechtslage in Berlin haben diese Erwägungen jedoch keine Bedeutung. Selbst wenn man eine Unvereinbarkeit der betreffenden Vorschriften mit in Berlin geltenden Bestimmungen des Grundgesetzes oder mit entsprechenden Bestimmungen der Berliner Verfassung feststellen müßte, so hätte die alliierte Anordnung den Vorrang; denn alliierte Bestimmungen sind in Berlin als Besatzungsrecht auch gegenüber dem deutschen Verfassungsrecht höherrangig[52].

Am 30. Januar 1968 wurde zwischen dem Land Berlin und den Gewerkschaften (ÖTV und DAG) ein neuer Tarifvertrag für die Arbeitnehmer bei den alliierten Streitkräften in Berlin abgeschlossen, der im

---

[51] Vgl. *Reichel:* Die Verfassungsmäßigkeit der arbeitsrechtlichen Bestimmungen des NATO-Truppenstatuts und seines Zusatzabkommens, in BArbBl 1961, S. 126 ff. mit zahlreichen Nachweisen, sowie *Fechner* und *Maier:* Die Rechtswirksamkeit der arbeitsrechtlichen Bestimmungen des sogenannten Truppenvertrages, in RdA 1956, S. 87—95, mit der Ergänzung: Arbeitsgerichtsbarkeit für Arbeitnehmer der alliierten Streitkräfte, in RdA 1957, S. 121—123.

[52] Dieses Rangverhältnis hat auch faktische Bedeutung, wie aus der „Zurückstellung" bestimmter Normen der Verfassung von Berlin durch Anordnung der Alliierten Kommandantura folgt, vgl. BVerfGE 1, 70 (71 f.).

wesentlichen mit dem in der Bundesrepublik geltenden TV AL II vom 1. Januar 1967 übereinstimmt. Wie der TV AL II zeichnet sich auch der TV B II dadurch aus, daß er gegenüber dem alten TV von 1956 wesentlich ausführlicher und ins einzelne gehend ist. Trotz mancher Verbesserungen legt er aber wiederum, wie später (§ 4 III) näher belegt wird, die Arbeitsbedingungen gegenüber den Bedingungen für vergleichbare Arbeitnehmergruppen des deutschen öffentlichen Dienstes erheblich schlechter fest.

§ 2 Die Vereinbarkeit der gegenwärtigen Tarifregelungen mit zwingenden Vorschriften des deutschen Arbeitsrechts

Seitdem deutsche Arbeitnehmer bei ausländischen Truppen auf deutschem Territorium beschäftigt wurden, unterstanden sie immer einem Sonderrecht, das sie in ihrer arbeitsrechtlichen Position gegenüber deutschen Arbeitnehmern in vergleichbaren Stellungen bei deutschen Behörden schlechterstellte. Die Versuche, diese Schlechterstellung zu beseitigen, setzten schon sehr früh ein. Ihr Anfang liegt in den Bemühungen der unmittelbaren Nachkriegszeit, für diesen Personenkreis den Rechtsweg vor den deutschen Arbeitsgerichten zu eröffnen. Auf diese Weise sollten die zuweilen recht willkürlichen Entscheidungen der Besatzungsdienststellen von unabhängiger Seite überprüft werden. Mit der Zulassung der Klagemöglichkeit vor den deutschen Arbeitsgerichten, die jedenfalls von einigen alliierten Stellen maßgeblich unterstützt wurde[1], war dann der erste Schritt getan, um die Besatzungsbediensteten aus dem reinen Besatzungsrecht wieder in das deutsche Arbeitsrecht zu integrieren.

Damit war aber die materiellrechtliche Schlechterstellung keineswegs beseitigt. Selbst wenn man mit Reichel[2] der Meinung ist, daß die Tätigkeit bei den Alliierten mit der Beschäftigung in einem Tendenzbetrieb zu vergleichen ist und aus diesem Grunde — ähnlich wie bei den Arbeitsverhältnissen des zivilen Personals der Bundeswehr[3] — andere Maßstäbe zu gelten hätten als die üblichen, zeigt doch die genauere Durchsicht der Arbeitsbedingungen, daß hier Unterschiede bestehen, für die kein sachlich gerechtfertigter Grund einzusehen ist. Mag es noch angehen, daß bei erfolgreicher Kündigungsschutzklage kein Recht auf Weiterbeschäftigung besteht und daß dem betreffenden Personenkreis — entgegen den Erkenntnissen der heutigen Arbeitsrechtsdogmatik[4] —

---

[1] Vgl. das Gutachten des britischen Legal Adviser, abgedruckt bei *Beitzke* in RdA 1949, S. 96 f.

[2] Die Verfassungsmäßigkeit der arbeitsrechtlichen Bestimmungen des NATO-Truppenstatuts und seines Zusatzabkommens, in BArbBl 1961, S. 126 ff.

[3] Vgl. dazu *Ritter von Lex* in Bulletin der Bundesregierung 1954, Nr. 194, S. 1851.

[4] BAG AP Nr. 2 zu § 611 BGB (Beschäftigungspflicht); *Hueck-Nipperdey*: Lehrbuch des Arbeitsrechts, Bd. 1, 7. Aufl. 1963, § 46, S. 380—387.

kein Anspruch auf tatsächliche Beschäftigung zustehen soll. Für beides besteht ja ohnehin nur in seltenen Fällen eine praktische Notwendigkeit. Ein Grund aber für die Verkürzung der Kündigungsfristen in der Weise, daß nach geltendem deutschen Arbeitsrecht bestehende Mindestkündigungsfristen unterschritten werden, ist ebensowenig einzusehen, wie die derzeitige Beschränkung der Rechte der Personalvertretung.

I. Die tariflichen Kündigungsfristen

Nach § 44 Abs. 1 TV B II gelten als Kündigungsfristen für ein auf unbestimmte Dauer abgeschlossenes Beschäftigungsverhältnis

1. für Arbeiter
   a) im ersten Beschäftigungsjahr 2 Wochen zum Wochenschluß
   b) im zweiten bis zum 5. Beschäftigungsjahr 3 Wochen zum Wochenschluß
   c) vom 6. Jahr an 4 Wochen zum Wochenschluß

2. für Angestellte
   a) im ersten Beschäftigungsjahr 1 Monat zum Monatsende
   b) im zweiten bis zum fünften Beschäftigungsjahr 6 Wochen zum Quartalsschluß
   c) vom sechsten Jahr an ebenfalls 6 Wochen zum Quartalsschluß.

§ 2 des Gesetzes über die Fristen für die Kündigung von Angestellten vom 9. Juli 1926[5], das für alle nach deutschem Recht zu beurteilenden Arbeitsverhältnisse und mithin auch für das deutsche Personal bei den ausländischen Streitkräften gilt[6], schreibt dagegen folgende Fristen vor:

1. bei einer Beschäftigungsdauer von mindestens 5 Jahren mindestens 3 Monate
2. bei einer Beschäftigungsdauer von mindestens 8 Jahren 4 Monate
3. bei einer Beschäftigungsdauer von mindestens 10 Jahren 5 Monate
4. bei einer Beschäftigungsdauer von mindestens 12 Jahren 6 Monate

jeweils zum Schluß des Kalenderjahres. Die Fristen dieses Gesetzes sind zwingend. Sie können nicht zu Ungunsten der Arbeitnehmer abbedungen

---

[5] RGBl. 1926 I S. 399.
[6] So zu Recht *Reichel:* Die arbeitsrechtlichen Bestimmungen des NATO-Truppenstatuts und seiner Zusatzvereinbarungen, in BArbBl. 1961, S. 711—720, 713 unter IV 2 c. § 53 BAT sieht bei einer Beschäftigungszeit von mehr als einem Jahr sechs Wochen, im übrigen mit dem AngKündSchG übereinstimmende Kündigungsfristen vor. Nach § 53 Abs. 3 BAT ist der Angestellte nach einer Beschäftigungszeit von 15 Jahren jedoch unkündbar.

werden⁷. Die im TV B II vereinbarte Kündigungsfrist für Angestellte von längstens 6 Wochen zum Quartalsschluß ist daher offensichtlich rechtswidrig⁸.

Man könnte allenfalls denken, diese Verkürzung der gesetzlichen Mindestkündigungsfrist sei deswegen zulässig, weil in Berlin nach wie vor Besatzungsrecht gilt und demzufolge die Besatzungsmächte Verordnungen erlassen können, die mit dem deutschen Recht in Widerspruch stehen und diesem vorgehen. Indessen kann hier von entgegenstehendem Besatzungsrecht nicht die Rede sein. Die jetzt in Berlin geltende Anordnung BK/O (65) 10⁹ enthält keinerlei Kündigungsfristen und schreibt vielmehr in Nr. 2 vor, daß „die Beschäftigungsverhältnisse des Personals ... sich grundsätzlich nach deutschem Arbeits- und Sozialrecht" regeln. Der TV B II wurde zwischen dem Land Berlin und den Gewerkschaften ÖTV und DAG geschlossen, ist mithin keine alliierte Anordnung. § 44 Abs. 1 des TV B II enthält also, soweit er die Mindestkündigungsfrist des AngKündSchG unterschreitet, einen Gesetzesverstoß und ist dementsprechend unwirksam. Gleiches gilt von § 44 des im übrigen Bundesgebiet geltenden TV AL II¹⁰. Ist also ein Angestellter mehr als 5 Jahre bei den ausländischen Streitkräften beschäftigt, so richtet sich seine Kündigungsfrist nicht nach dem jeweiligen Tarifvertrag, sondern nach § 2 AngKündSchG. Es ist unerklärlich, wie die Vertreter der Gewerkschaften und die Vertreter der Bundesrepublik und des (sozialdemokratischen) Berliner Senats eine derartige tarifliche Regelung vereinbaren konnten.

II. Die Vorschriften über die Personalvertretung

Wie oben bereits erwähnt, richtet sich in der Bundesrepublik die Personalvertretung nach den Vorschriften über die Personalvertretung ziviler Arbeitskräfte bei der Bundeswehr (Art. 56 Abs. 9 Zusatzabkommen). Eine gewisse Abweichung von der Personalvertretung des übrigen öffentlichen Dienstes ist wegen des Sicherheitsbedürfnisses im militärischen Bereich auch durchaus gerechtfertigt. Demgegenüber mutet aber die Regelung für die bei den Alliierten in West-Berlin beschäftigten Arbeitnehmer rückschrittlich und übermäßig eingeschränkt an. Sie be-

---

⁷ Vgl. *Hueck-Nipperdey* (FN. 4), § 58 IV 5 (S. 581).
⁸ Auch der Komba Berlin zeigte sich über die Kündigungsfristen des TV B II „verwundert" (vgl. Vorwort zu seiner Textausgabe des Tarifvertrages für die Arbeitnehmer bei den alliierten Streitkräften in Berlin, S. 6).
⁹ Vom 27. September 1965, GVBl 1965, S. 1431.
¹⁰ Vom 1. Januar 1967 (MinBlFin. 1967, S. 118, 134). Dazu ebenso *Beitzke*: Arbeitsverhältnisse bei Stationierungsstreitkräften, in Arbeitsrecht-Blattei, D Stationierungsstreitkräfte I, unter D III 1, mit weiteren Nachweisen.

II. Die Vorschriften über die Personalvertretung

ruht noch immer auf der alliierten Musterbetriebsvereinbarung und gilt mithin als alliiertes Besatzungsrecht (Nr. 2 lit. d der Anordnung vom 27. September 1965)[11]. Die in ihr enthaltenen Benachteiligungen gegenüber den Verhältnissen in der Bundesrepublik sind aber sachlich nicht gerechtfertigt. Soweit bekannt, werden zwar bei allen alliierten Behörden, in denen deutsche Arbeitnehmer beschäftigt sind, Betriebsräte nach Art der Musterbetriebsvereinbarung gebildet, obwohl Nr. 2 lit. d der Anordnung dies ins Ermessen des jeweiligen Sektorenkommandanten stellt, so daß ein Rechtsanspruch auf Personalvertretung nicht besteht. Aber die schwache Position dieser Betriebsräte, die letztlich nur auf ein Remonstrationsrecht hinausläuft[12], erscheint in einer Zeit, die auf weitergehende Mitbestimmungsrechte der Arbeitnehmer gerichtet ist, als historisches Relikt aus längst vergangener Epoche und ist mit deutschen Vorstellungen von Personalvertretung nicht zu vereinbaren.

Es erscheint daher angezeigt, daß sich die Berliner Behörden bemühen, für die bei den Alliierten beschäftigten deutschen Arbeitnehmer Bedingungen zu schaffen, die für alle übrigen deutschen Arbeitnehmer bereits Selbstverständlichkeit sind. Soweit das alliierte Sicherheitsbedürfnis Änderungen des sonst geltenden Betriebsverfassungsrechts erfordert, mag das, wie im Bereich der Bundeswehr, durch eng begrenzte Ausnahmen geschehen. Ansonsten sollte aber versucht werden, die Alliierten zu einer den deutschen Verhältnissen gerechter werdenden Regelung zu bewegen und damit in dieser Beziehung die Existenz von Arbeitnehmern zweiter Klasse abzubauen.

---

[11] BK/O (65) 10, GVBl 1965, S. 1431.
[12] So werden Entlassungen und Entlassungsgrund lediglich im voraus mitgeteilt, wobei der Betriebsrat Vorschläge machen darf. Fristlose Entlassungen, Entlassungen aus disziplinären und aus Sicherheitsgründen werden nicht vorher, sondern nur nachträglich mitgeteilt. Ein echtes Mitbestimmungsrecht, wie es das Betriebsverfassungsgesetz u. a. in § 56 vorsieht, gibt es nach der Musterbetriebsvereinbarung nicht.

§ 3 Die Verteilung der Arbeitgeberstellung auf die alliierten und die deutschen Behörden

I. Der Arbeitgeberbegriff als funktioneller Begriff

Die entscheidende Frage zur Rechtsnatur der Arbeitsverhältnisse des deutschen Personals bei den ausländischen Truppen ist die Frage, wer als Arbeitgeber dieses Personenkreises anzusehen ist; denn offensichtlich treten hier zwei Stellen in Erscheinung: die alliierten und die deutschen Behörden. Die Antwort braucht keineswegs in einem Entweder-Oder zu bestehen. Die Arbeitsrechtslehre kennt auch Fälle, in denen mehrere Personen gleichzeitig an einem Arbeitsverhältnis als Arbeitgeber beteiligt sind. Ein solcher Fall tritt z. B. ein, wenn in einem Arbeitsverhältnis als Gegenpart des Arbeitnehmers eine juristische Person erscheint. Dieser steht dann das Recht auf Arbeitsleistung zu, sie kann aber als solche nicht das Direktionsrecht ausüben. Das kann nur eine natürliche Person. Die Funktionen des Arbeitgebers spalten sich dann auf. Vertragspartner ist die juristische Person; die Weisungsbefugnis wird aber von natürlichen Personen ausgeübt, die für die juristische Person handeln, z. B. vom Vorstand der Aktiengesellschaft[1].

Diese Aufspaltung der Arbeitgeberfunktionen tritt ganz allgemein immer dann auf, wenn der Inhaber eines Betriebes, der Träger des Rechts auf Arbeitsleistung ist, und der Leiter des Betriebes, dem gegenüber die Befolgungspflicht besteht, auseinanderfallen. Leiter des Betriebes kann nämlich nur eine geschäftsfähige physische Person sein, während Inhaber des Betriebes auch eine nicht-geschäftsfähige oder eine juristische Person sein kann oder eine Person, der aus sonstigen Gründen das Recht zur persönlichen Leitung des Betriebes nicht zusteht. So sehen wir eine Aufspaltung der Arbeitgeberposition auch zwischen Minderjährigem und gesetzlichem Vertreter, zwischen Erben und Testamentsvollstrecker, Nachlaßverwalter oder Nachlaßpfleger, zwischen Gemeinschuldner und Konkursverwalter. In diesen und anderen Fällen stehen also die Arbeitgeberfunktionen zwei verschiedenen Personen zu, so daß im Einzelfall zwischen dem Arbeitgeber als Träger des Anspruchs auf Arbeitsleistung, dem früher sogenannten abstrakten Prinzipal[2], und dem Träger des

---

[1] So *Alfred Söllner:* Arbeitsrecht, 1969, S. 25.
[2] Bezeichnung von *H. Titze* in Ehrenbergs Handbuch des gesamten Handelsrechts, 2. Bd. (1918), S. 545 ff. (549—551).

I. Der Arbeitgeberbegriff als funktioneller Begriff

Direktionsrechts, dem sogenannten konkreten Prinzipal, unterschieden werden muß. In allen diesen Fällen wird durchweg anerkannt, daß als Arbeitgeber nicht nur der Träger des Rechts auf Arbeitsleistung, sondern auch diejenige Person anzusehen ist, die gegenüber dem Arbeitnehmer das Direktionsrecht hat[3].

Arbeitgeber ist also jede Person, der Arbeitgeberfunktionen zustehen. Man hat diese heute ganz herrschende Auffassung als funktionellen Arbeitgeberbegriff bezeichnet[4]. Dieser funktionelle Arbeitgeberbegriff ermöglicht die dogmatisch befriedigende Behandlung zweier weiterer Phänomene des Arbeitsrechts, nämlich des Leiharbeitsverhältnisses und des Gesamthafenbetriebes. Bei den verschiedenen Formen des Leiharbeitsverhältnisses werden die Arbeitgeberfunktionen zwischen Verleiher und Entleiher ganz unterschiedlich aufgeteilt, so daß mitunter bis auf die Lohnzahlungspflicht alle Arbeitgeberfunktionen dem Entleiher zustehen[5]. Hier wird nun von der herrschenden Meinung betont, daß die Arbeitgeberfunktionen aufgespalten sind und daß sowohl Verleiher als auch Entleiher die Stellung eines Arbeitgebers haben[6]. Die Arbeitgebereigenschaft kann sich also auf mehrere an einem Arbeitsverhältnis beteiligte Personen verteilen.

Das wurde vom BAG auch für den Fall des Gesamthafenbetriebes anerkannt[7]. Aufgrund des Gesamthafenbetriebsgesetzes vom 3. August 1950 kann durch Vereinbarung zwischen den zuständigen Arbeitgeberverbänden und den Gewerkschaften ein Gesamthafenbetrieb errichtet werden, der die früher nur stunden- oder tageweise beschäftigten Hafenarbeiter zur ständigen Beschäftigung einstellt. Dieser Gesamthafenbetrieb teilt seine Arbeitnehmer auf Anforderung einzelnen Hafenfirmen zur Arbeitsleistung zu[8]. Auch hier wird eine Aufspaltung der Arbeitgeberfunktionen und dementsprechend eine Vervielfältigung der Arbeitgeberpositionen angenommen. Es liegt daher nahe zu prüfen, wie die Arbeitsverhältnisse des deutschen Personals der ausländischen Streitkräfte unter diesem Aspekt zu beurteilen sind.

---

[3] *Hueck/Nipperdey:* Lehrbuch des Arbeitsrechts, Bd. 1, 7. Aufl. 1963, § 15 II, S. 89; *Kaskel/Dersch:* Arbeitsrecht, 5. Aufl. 1957, § 6 IV 6, S. 38. Abweichend für die gesetzlichen Vertreter kraft Amtes *Dersch:* Der Begriff „Arbeitgeber", in Arbeitsrecht-Blattei, D Arbeitgeber I, unter C III.
[4] *Arthur Nikisch:* Arbeitsrecht, Bd. I, 3. Aufl. 1961, § 17 II, S. 144—148.
[5] Vgl. näher *Trieschmann:* Das Leiharbeitsverhältnis, Betrieb 1956, Beilage Nr. 16, und *Hueck/Nipperdey* (FN. 3) § 54 IV, S. 521—526, mit weiteren Nachweisen.
[6] So *Nikisch* (FN. 4) § 24 V 1, S. 241; *Hueck/Nipperdey* (FN. 3) § 54 IV 3, S. 523; *Kaskel/Dersch* (FN. 3) § 6 IV 6, S. 38; *Galperin:* Die Stellung des Arbeitgebers in der Betriebsverfassung, in FS Hans Schmitz, Bd. I (1967), S. 55—67; anders Molitor, Arbeitsrecht-Blattei „Arbeitspflicht I" unter C II, der nur den „Entleiher" als Arbeitgeber ansieht.
[7] BAG 11, S. 82 ff. — AP Nr. 1 zu § 1 GesamthafenbetriebsG.
[8] Vgl. *Nikisch* (FN. 4) § 17 II 3, S. 147 f., mit weiteren Nachweisen.

II. Die gesetzliche Regelung der Arbeitgeberfunktionen

Bevor wir die Stellungnahme der Rechtsprechung und Literatur zu dieser Frage näher beleuchten, ist es erforderlich, noch einmal im einzelnen auf die gesetzliche Regelung zurückzukommen. Wie oben bereits dargetan, haben die maßgeblichen Vorschriften nie ausdrücklich klargestellt, wer Arbeitgeber des betreffenden Personenkreises ist[9]. Das wäre auch erstaunlich gewesen, da es sich hierbei letzlich um eine dogmatische Frage handelt, die noch nicht allgemein durch Legaldefinition gelöst ist[10]. Was die betreffenden Vorschriften — nämlich die Anordnung BK/O (65) 10 für West-Berlin[11] und Art. 56 des Zusatzabkommens für die Bundesrepublik[12] — dagegen enthalten, sind Regelungen der einzelnen Arbeitgeberfunktionen.

Im Gegensatz zu den augenblicklich geltenden Tarifverträgen, die im wesentlichen für die Bundesrepublik und West-Berlin übereinstimmen, weichen die zugrundeliegenden gesetzlichen Vorschriften aufgrund der unterschiedlichen völkerrechtlichen Situation erheblich voneinander ab. Es genügt für diesen Zusammenhang jedoch, von der Anordnung für West-Berlin auszugehen, die in ihren die Arbeitgeberfunktionen betreffenden Passagen wie folgt lautet:

„3. Den deutschen Behörden obliegt es, auf Weisung der alliierten Behörden und im Einvernehmen mit ihnen

(a) Tarifverträge abzuschließen;

(b) das Entlohnungsverfahren zu regeln.

4. Die Alliierten Behörden haben gegenüber den Arbeitskräften die Befugnis zur Einstellung, Einstufung nach Maßgabe von Abs. 5, Zuweisung des Arbeitsplatzes, Beaufsichtigung (Disziplin und Leistung), Ausbildung, Versetzung, Kündigung und Entgegennahme von Kündigungen. Ein Beschäftigter darf jedoch nicht ohne seine Zustimmung in die Bundesrepublik versetzt werden.

5. Die Alliierten Behörden bestimmen die Zahl der benötigten Stellen unter Feststellung der erforderlichen Lohn- und Gehaltsgruppen. Der für die Stelle vorgesehene Arbeitnehmer wird durch die Alliierten Behörden vorläufig durch die entsprechende Lohn- oder Gehaltsgruppe eingestuft. Diese Einstufung bedarf der Zustimmung der zuständigen deutschen Behörden. Die Zustimmung gilt als gegeben, wenn die deutschen Behörden nicht innerhalb von 14 Tagen nach Zugang der Mitteilung über die vorläufige Einstufung Einspruch erheben. Im Falle eines Einspruches wird über die entsprechende Einstufung im Benehmen zwischen den Alliierten und deut-

---

[9] Unrichtig *Reichel* in BArbBl 1961, S. 711, 714 unter V 1. Weder im Zusatzabkommen noch im Unterzeichnungsprotokoll ist gesagt, daß die Alliierten *Arbeitgeber* der fraglichen Arbeitnehmer seien.

[10] Nachweise über einzelgesetzliche Definitionen gibt *Dersch* in AR-Blattei „Arbeitgeber I" unter A III.

[11] GVBl 1965, S. 1431.

[12] BGBl 1961, II, S. 1275.

schen Behörden entschieden. Falls ein Übereinkommen nicht erzielt wird, bleibt die durch die Alliierten Behörden vorgenommene Einstufung bestehen. Die Vergütung für die Zeit der vorläufigen Einstufung wird gemäß der endgültigen Einstufung gezahlt, jedoch kann gegenüber dem Arbeitnehmer keine Forderung auf Rückerstattung erhoben und keine Verrechnung vorgenommen werden.

6. Die deutschen Gerichte für Arbeitssachen sind ermächtigt, die Gerichtsbarkeit in Streitigkeiten auszuüben, die sich aus dem Arbeitsverhältnis bei den Alliierten Besatzungsbehörden und -streitkräften ergeben. Gemäß der Erklärung über Berlin vom 5. Mai 1955 kann diese Ermächtigung in einzelnen Fällen von dem betreffenden Sektoren-Kommandanten widerrufen werden, wenn er meint, daß ein schwerer Verstoß gegen die militärische Sicherheit vorliegt. Klagen gegen den Arbeitgeber sind gegen das Land Berlin zu richten, Klagen für den Arbeitgeber werden vom Land Berlin erhoben (Prozeßstandschaft)."

Die Bestimmung des Zusatzabkommens, nach der die Tätigkeit der zivilen Arbeitskräfte bei einer Truppe und einem zivilen Gefolge nicht als Tätigkeit im deutschen öffentlichen Dienst gilt, wurde in die Anordnung nicht aufgenommen.

III. Der Standpunkt der Rechtsprechung zur Arbeitgeberposition

Seit die deutsche Gerichtsbarkeit über Klagen deutscher Arbeitnehmer zu befinden hatte, die bei den Alliierten beschäftigt waren, stand die Frage, wer angesichts dieser Funktionenteilung als Arbeitgeber anzusehen sei, sowohl bei den Instanzgerichten als auch beim BAG mehrfach im Mittelpunkt der Auseinandersetzung. Die beiden ersten einschlägigen Entscheidungen des BAG befaßten sich zunächst nur indirekt mit diesem Problem. Hier ging es darum, ob die beklagten deutschen Länder passiv legitimiert seien. Ohne näher auf die völkerrechtliche Situation einzugehen, entschied der 2. Senat beide Male, daß dies der Fall sei, und zwar zunächst mit der Begründung, daß „die Länder der Bundesrepublik in ständiger Übung auf Verlangen der Besatzungsmächte die Löhne und Gehälter der bei diesen beschäftigten deutschen Arbeitnehmer als Besatzungskosten unmittelbar bezahlen". Daher sei „jetzt in Rechtsprechung und Rechtslehre allgemein anerkannt, daß sich die Lohn- und Gehaltsansprüche dieser Arbeitnehmer gegen das betreffende Land richten"[13]. In der 2. Entscheidung meinte er dann, daß „unter Berücksichtigung der allgemeinen, ständigen und widerspruchslosen Übung der Länder, sich auf die Ansprüche der deutschen Arbeitnehmer bei der Besatzungsmacht einzulassen, sie bei Anerkennung zu begleichen und auch allenfalls hierüber sich der Gerichtsbarkeit der deutschen Arbeitsgerichte zu unterwerfen, ... die Entstehung eines Gewohnheitsrechts

---

[13] BAG 2, 32 (33).

anzunehmen"[14] sei. Aus dieser Rechtslage sei die Passivlegitimation der Bundesländer zu folgern.

Diese Argumentation stimmt mit jener überein, die in der Literatur zur Begründung der Tariffähigkeit der Bundesrepublik für solche Arbeitsverhältnisse verwandt wurde[15]. Sie sagt zwar unmittelbar zur Frage der Arbeitgebereigenschaft nichts aus; aber beide Entscheidungen haben den deutschen Ländern kraft Gewohnheitsrechts die Lohnzahlungspflicht und damit eine typische Arbeitgeberfunktion zugesprochen[16]. Wenn auch in Sonderfällen einmal ein Dritter, der nicht Arbeitgeber ist, Lohnschuldner werden kann, so muß das doch arbeitsvertraglich vereinbart sein (Schuldübernahme)[17]. Von einer solchen Vereinbarung ist aber in diesen Entscheidungen nicht die Rede.

Ende 1956 entschied das BAG in ähnlichem Sinne, daß das lohnzahlende Land hinsichtlich der Einstufung Arbeitgeber der Besatzungsbediensteten sei. Zwar wird der funktionelle Arbeitgeberbegriff nicht zitiert, aber er wird doch eindeutig angewandt, wenn es dort heißt, der Kläger habe „einen Anspruch auf richtige Einstufung in die Gehaltsgruppen des Militärtarifs gegenüber dem Land, das insoweit als Arbeitgeber der Besatzungsbediensteten anzusehen ist"[18]. Dieselbe Auffassung, allerdings deutlicher formuliert, hatte ein Jahr zuvor bereits das LAG Bremen vertreten. Es zog ausdrücklich die Lehre vom funktionellen Arbeitgeberbegriff heran und kam für das Arbeitsverhältnis des fraglichen Personenkreises zu dem Ergebnis, daß nach Inkrafttreten des Truppenvertrages die Bundesrepublik nicht mehr bloße Zahlstelle sei, „sondern darüber hinaus aufgrund der Bestimmungen des Art. 44 Truppenvertrag auch im übrigen entscheidend am Zustandekommen des Vertragsverhältnisses, an seiner Gestaltung und seiner Beendigung beteiligt ist". Sie habe nicht nur eine ergänzende Hilfsfunktion, sondern sei echt und unmittelbar am Arbeitsverhältnis beteiligt, was daraus folge, daß das Arbeitsverhältnis „in zahlreichen Beziehungen nur ‚im Benehmen' der deutschen und ausländischen Dienststellen bzw. nach Zustimmung der zuständigen deutschen Behörden gestaltet werden kann". Die Bundesrepublik habe mithin Arbeitgeberfunktionen. „Das LAG sieht demgemäß im vorliegenden Fall sowohl die amerikanischen Streitkräfte als auch die Beklagten

---

[14] BAG 2, 134 (136 f.).

[15] Vgl. *Pretzsch/Schalkhäuser/Rechenberg:* Das Recht der Arbeitnehmer bei den Streitkräften, 1955, S. 21 f.; *Beitzke:* Die Neuregelung der Rechtsverhältnisse von Arbeitnehmern bei der Besatzungsmacht, in RdA 1955, S. 83.

[16] Zur Lohnzahlungspflicht als Arbeitgeberfunktion vgl. *Nikisch* (FN. 4) § 17 I 2, S. 143, und *Hueck/Nipperdey* (FN. 3) § 54 IV 4 c, S. 524 f.

[17] Vgl. *Dersch* AR-Blattei (FN. 3), unter B III 6.

[18] BAG AP Nr. 6 zu Art. 44 Truppenvertrag mit einer die Arbeitgebereigenschaft ablehnenden Anmerkung von *Beitzke*.

(deutschen Behörden) als Arbeitgeber des Klägers an, beide zu dem ihnen in Art. 44 Truppenvertrag zugewiesenen Teil[19]."

Eine im Ergebnis übereinstimmende Entscheidung erging 1955 vom Arbeitsgericht Berlin[20] für die entsprechenden Arbeitsverhältnisse in Berlin. Das Arbeitsgericht wandte hier allerdings nicht den funktionellen Arbeitgeberbegriff an, sondern legte seiner Lösung das Modell des Leiharbeitsverhältnisses zugrunde und vertrat die Ansicht, daß zwischen den betreffenden Arbeitnehmern und dem Land Berlin ein Dienstverhältnis bürgerlichen Rechts in Form eines Leiharbeitsverhältnisses bestehe, das durch ein völkerrechtliches Requisitionsverhältnis zwischen der Besatzungsmacht und dem Land Berlin ergänzt werde. Aufgrund dieses völkerrechtlichen Requisitionsverhältnisses sei das Land Berlin verpflichtet, der Besatzungsmacht die Dienste der jeweiligen deutschen Arbeitnehmer zu verschaffen.

Eine Ergänzung fand diese Rechtsprechung in einer Entscheidung des Bundesgerichtshofes aus dem Jahre 1956 zur Frage, ob die Bundesrepublik für die Tätigkeit deutscher Arbeitskräfte bei den ausländischen Truppen Unternehmer im Sinne der Reichsversicherungsordnung war. Auch in dieser Entscheidung wurde die Tendenz deutlich, als Arbeitgeber nicht nur die Besatzungsmacht, sondern auch die deutschen Stellen anzusehen[21]. Dementsprechend wurde entschieden, daß das Deutsche Reich und später die Bundesrepublik im Hinblick auf die Lohnzahlung nicht einem Geldgeber gleichzusetzen sei, der einem anderen für dessen Unternehmen lediglich Betriebskapital zur Verfügung stelle, ohne zu diesem Unternehmen in weiteren Beziehungen zu stehen. Das Reich bzw. die Bundesrepublik habe sich vielmehr durchaus in der Rolle dessen befunden, der aus dem jeweiligen Arbeitsverhältnis unmittelbar verpflichtet sei und die mit ihm verbundenen Lasten zu tragen habe, darunter bezeichnenderweise gerade auch die Lasten, die dem Unternehmer nach dem Recht der Sozialversicherung obliegen[22]. Das Reich und später die Bundesrepublik seien daher in bezug auf das deutsche Personal der Alliierten als Unternehmer im Sinne der RVO anzusehen.

Der Umschwung der Rechtsprechung erfolgte dann mit der schon erwähnten zentralen Entscheidung des Ersten Senats des BAG vom 20. Dezember 1957[23], nach der unter der Geltung des Truppenvertrages nicht die Bundesrepublik, sondern allein die Behörden der ausländischen Streitkräfte Arbeitgeber sind. Da — so wurde argumentiert — nach

---
[19] LAG Bremen in RdA 1955, S. 477 (478 r. Sp.); gegen die Annahme von „Teilarbeitsverhältnissen" LAG Kiel AP Nr. 1 zu § 44 Truppenvertrag.
[20] Unveröffentlichtes Urteil vom 10. Juni 1955 (19 Ca 63/55).
[21] BGHZ 20, 301 (307, 309, 310).
[22] Ebd. S. 309.
[23] BAG 5, 130 (136 f.). Weitere Fundstellen oben § 1 FN. 33.

Art. 44 Abs. 6 des Truppenvertrages die Behörden der Streitkräfte den Arbeitnehmern gegenüber die Befugnis zur Einstellung, Zuweisung des Arbeitsplatzes, Ausbildung, Versetzung, Kündigung und Entgegennahme von Kündigungen hätten, lägen die Arbeitgeberfunktionen und mit ihnen auch die Arbeitgeberstellung bei ihnen und nicht bei der Bundesrepublik. Auch die Arbeitgeberpflichten trügen an sich materiellrechtlich die Behörden der Streitkräfte, so an sich die Vergütungspflicht, die Fürsorgepflicht und die Pflicht zur Urlaubsgewährung. Eine Arbeitgeberstellung der Bundesrepublik werde nicht dadurch begründet, daß Ansprüche der einzelnen Arbeitnehmer aus der Beschäftigung bei den Streitkräften sich gegen die Bundesrepublik richteten. Es werde vielmehr der aus der Stationierung ausländischer Streitkräfte in der Bundesrepublik folgenden besonderen Lage dadurch Rechnung getragen, daß völkerrechtsvertraglich ex lege vorbehaltlich des Ausgleichs im Innenverhältnis ein befreiender Schuldübergang besonderer Art zu Lasten der Bundesrepublik und ihre Passivlegitimation für Prozesse eintrete.

Interessant ist, daß das BAG dieser Entscheidung ebenfalls den funktionellen Arbeitgeberbegriff zugrunde legte, wenn es ausführt, daß die Arbeitgeberfunktionen und damit auch die Arbeitgeberstellung bei den Behörden der Streitkräfte lägen. Ob es diesen Begriff allerdings richtig angewandt hat und ob die sonst in dieser Entscheidung vertretene Rechtskonstruktion zu halten ist, wird sogleich zu erörtern sein. Jedenfalls entsprach das Ergebnis einer Auffassung, die schon früher von einigen Instanzgerichten unter dem Einfluß der Literatur vertreten worden war[24].

Zu der von der Bundesrepublik abweichenden Lage in Berlin hat das BAG bisher nicht Stellung genommen. Die einzige einschlägige Berliner Sache — eine Feststellungsklage — wurde von ihm wegen mangelnden Rechtsschutzinteresses zurückgewiesen[25]. Die Vorinstanzen hatten in dieser Sache entschieden, daß nur die jeweilige Besatzungsmacht, nicht hingegen das Land Berlin Arbeitgeber des Klägers sei[26]. Hierbei hat sich insbesondere das LAG Berlin mit dem funktionellen Arbeitgeberbegriff auseinandergesetzt und eingeräumt, daß bei einer Verteilung der Arbeitgeberfunktionen einem Arbeitnehmer verschiedene Arbeitgeber gegenüberstehen könnten. Es lehnte dann aber die Arbeitgebereigenschaft des Landes Berlin mit Gründen ab, die im wesentlichen mit den später vom BAG vorgebrachten übereinstimmen. Zu der völkerrechtlichen Problematik der Frage nahm es nur insoweit Stellung, als es darauf hinwies,

---

[24] So LAG Kiel AP 1953 Nr. 218 und 244 sowie AP Nr. 1 zu Art. 44 Truppenvertrag; LAG Hannover AP 1952 Nr. 27 und 1954 Nr. 124; LAG Düsseldorf AP 1953 Nr. 8.
[25] BAG 1 AZR 472/56 vom 20. Februar 1959 (unveröffentlicht).
[26] Arbeitsgericht Berlin 17 Ca 299/55 vom 16. März 1956; LAG Berlin 5 Sa 223/56 vom 7. September 1956 (beide unveröffentlicht).

IV. Die Auffassungen der Literatur zur Arbeitgeberposition

daß die Besatzungsmächte kraft ihrer fortbestehenden Hoheitsrechte die ihnen aus ihrer Arbeitgeberstellung erwachsene Verpflichtung dem Lande Berlin auferlegt hätten. Im übrigen wurde zur Begründung lediglich die Rechtsprechung und Literatur zur Situation in der Bundesrepublik herangezogen.

IV. Die Auffassungen der Literatur zur Arbeitgeberposition

In der Literatur stehen sich zur Frage der Arbeitgeberposition zwei Meinungen gegenüber. Die eine vertritt die vom BAG geäußerte Ansicht und lehnt eine Arbeitgeberstellung der deutschen Seite völlig ab[27].

Auch hier wird die Begründung auf den Hinweis beschränkt, die Stationierungsstreitkräfte stellten die Arbeitskräfte selbständig ein, wiesen ihnen den Arbeitsplatz zu, bildeten sie aus, gäben ihnen Anweisungen im Rahmen des Arbeitsverhältnisses, versetzten sie, kündigten und nähmen ihre Kündigungen entgegen. Beitzke, der Wortführer dieser Richtung, führt sogar aus, daß die Arbeitgeberstellung der Streitkräfte sich nicht dadurch ändere, daß eine Anzahl von Arbeitgeberaufgaben, vor allem die Festlegung der Arbeitsbedingungen und die Entlohnung einschließlich der Abführung der Sozialversicherungsbeiträge sowie die Prozeßführung, durch das Zusatzabkommen deutschen Stellen übertragen seien.

Nun ist allerdings nie behauptet worden, daß durch die Ausübung von Arbeitgeberfunktionen durch deutsche Stellen die Alliierten aus ihrer Arbeitgeberstellung verdrängt würden. Warum aber die deutschen Stellen nicht neben den Alliierten Arbeitgeber sein können, dafür bleibt Beitzke die Begründung schuldig. Es findet sich bei ihm lediglich der lapidare Satz, daß die gelegentlich aufgetauchte Annahme, die Arbeitgeberstellung sei zwischen den ausländischen Streitkräften und den deutschen Stellen geteilt, sich „als unhaltbar erwiesen" habe. In der Tat wäre eine sachliche Widerlegung dieser Annahme außerordentlich schwierig. Immerhin erscheinen seine Ausführungen trotz fehlender Begründung vertretbarer als die Ausführungen des BAG, das kurzerhand leugnet, daß der deutschen Seite überhaupt Arbeitgeberfunktionen zukommen. Reichel dagegen meint, die deutschen Behörden nähmen ihre Aufgabe nicht kraft eigenen Rechts wahr, sondern entsprechend der

---

[27] So vornehmlich *Beitzke*: Arbeitsverhältnisse bei Stationierungsstreitkräften, in Arbeitsrecht-Blattei, D Stationierungsstreitkräfte I, unter B II, sowie in zahlreichen anderen Veröffentlichungen (z. B. FN. 15 und 18); ferner *Pretzsch/ Schalkhäuser/Rechenberg* (FN. 15), S. 20; *Reichel*: Das Recht der zivilen Arbeitnehmer bei den in der Bundesrepublik stationierten alliierten Streitkräften, in BArbBl 1956, S. 215—220, 217; *Herschel*: Fragen zu Artikel 44 Absatz 8 des Truppenvertrages, in BArbBl 1956, S. 510—512, 511.

Abmachung des Truppenvertrages nur in Auftrag und Vollmacht der Alliierten[28].

Die Gegenmeinung, derzufolge die Arbeitgeberstellung zwischen den Alliierten und den deutschen Stellen geteilt ist, wird von Nikisch, Dersch sowie Fechner und Hedwig Maier vertreten[29]. Diese Autoren knüpfen an die Tatsache an, daß der deutschen Seite Arbeitgeberfunktionen zukommen, und kommen dann mit Hilfe des funktionellen Arbeitgeberbegriffs zum Ergebnis, daß sowohl die Alliierten als auch die Bundesrepublik Arbeitgeber seien. Nikisch betont dabei, daß nicht etwa zwei Teilarbeitsverhältnisse entstünden. Es handele sich trotz der Aufspaltung der Arbeitgeberposition um ein einheitliches Arbeitsverhältnis, an dem nur zwei Arbeitgeber beteiligt seien. Auf die besondere Situation in Berlin wird in der Literatur nicht eingegangen.

V. Eigene Stellungnahme

Die eigene Stellungnahme zur Frage der Arbeitgeberposition wird ebenfalls vom funktionellen Arbeitgeberbegriff auszugehen haben, wie dies auch im maßgebenden Urteil des BAG geschehen ist. Es bedeutet keinen Fortschritt und führt nicht zu sachgerechten Lösungen, wenn man unter den verschiedenen Arbeitgeberfunktionen eine Reihenfolge in der Weise schaffen wollte, daß man eine Funktion als die zentrale Funktion bestimmt, deren Innehabung die alleinige Arbeitgeberstellung begründet. Denn im Ergebnis muß auch diejenige Person, die die anderen Funktionen innehat, in irgendeiner Weise in das Arbeitsverhältnis mit einbezogen werden. Das Arbeitsverhältnis baut auf dem Dualismus Arbeitgeber/Arbeitnehmer auf. Eine Auflösung dieses Dualismus durch Einführung eines dritten Begriffs wie etwa den des Unternehmers[30] erscheint wenig sinnvoll, weil man letztlich auch diesen wieder dem Arbeitgeberbegriff zuordnen muß.

Wenn nun jeder, der Arbeitgeberfunktionen nicht nur als Erfüllungsgehilfe, sondern in eigener Verantwortung als ihm originär zustehende

---

[28] *Reichel* ebd. (FN. 27).
[29] *Nikisch* (FN. 4), S. 145 f.; *Kaskel/Dersch* (FN. 3), S. 38; *Fechner/Maier:* Die Rechtswirksamkeit der arbeitsrechtlichen Bestimmungen des sogenannten Truppenvertrages, in RdA 1956, S. 87—95, 94 Anm. 23a und: Arbeitsgerichtsbarkeit für Arbeitnehmer der alliierten Streitkräfte, in RdA 1957, S. 121—123, 122 f. Unentschieden *Hueck/Nipperdey* (FN. 3), S. 89 Anm. 5, wo lediglich vermerkt ist, Nikisch ziehe den funktionellen Arbeitgeberbegriff „in interessanter Weise auch für die Verteilung der Arbeitgeberfunktionen heran, die bei der Beschäftigung von Arbeitnehmern bei den ausländischen Streitkräften in Deutschland zwischen den Behörden der Streitkräfte und der Bundesrepublik eintritt".
[30] So *Maus:* Das Arbeitsverhältnis, 1948, S. 112. Gegen ihn zutreffend *Nikisch* (FN. 4), S. 145 Anm. 1.

V. Eigene Stellungnahme

Funktionen ausübt, auch Arbeitgeber ist, dann ist er hinsichtlich der ihm zustehenden Funktionen auch im Prozeß ohne weiteres aktiv und passiv legitimiert. Sehen wir unter diesem Blickwinkel die bisher vertretenen Rechtskonstruktionen der Arbeitgeberposition für unseren Fall durch, so erkennen wir, daß die einen die Funktionen, die die deutschen Stellen unbestreitbar gegenüber den Arbeitnehmern ausüben, als derivativ erlangte Funktionen und die anderen sie als originär diesen Stellen zustehende Funktionen betrachten. Diejenigen, die diese Funktionen als vom eigentlichen Arbeitgeber, den Alliierten, abgeleitete Funktionen ansehen, gehen vom Grundtyp des Arbeitsverhältnisses aus, in dem sich lediglich je eine Person als Arbeitgeber und Arbeitnehmer gegenüberstehen und sich in einem Austauschverhältnis von Leistung und Gegenleistung befinden. Nach ihrer Ansicht haben die Alliierten die ungeteilte Arbeitgeberposition, von der lediglich einzelne Befugnisse und Verpflichtungen auf die deutschen Stellen übertragen werden.

Nach der Ansicht von Reichel und wohl auch von Beitzke ist das, was übertragen wird, eine echte Arbeitgeberfunktion. Diese Funktion wird von den deutschen Stellen „in Auftrag und Vollmacht" der Alliierten ausgeübt. Diese sind damit in das Arbeitsverhältnis als Erfüllungsgehilfen der Alliierten einbezogen. Die Stellung als Erfüllungsgehilfe führt dann auch zur Prozeßstandschaft. Nach der Ansicht des BAG ist dagegen das, was völkerrechtsvertraglich ex lege „durch befreienden Schuldübergang besonderer Art" auf die deutschen Stellen übergeht, keine Arbeitgeberfunktion, sondern nur die Eigenschaft als Zahlstelle. Übergegangen ist eine schuldrechtliche Verpflichtung, die durch den Übergang ihres arbeitsrechtlichen Charakters entkleidet wird und daher den Schuldübernehmer nicht in das Arbeitsverhältnis mit einbezieht. Es liegt auf der Hand, daß diese letztere Konstruktion nicht in der Lage ist, die Tariffähigkeit der deutschen Stellen zu erklären. Denn es gehört nicht zur Aufgabe von „Zahlstellen", Tarifverträge abzuschließen. Auch ein Abschluß „in Auftrag und Vollmacht" der Alliierten kommt nach der Rechtslage und der faktischen Handhabung nicht in Betracht, da das Gesetz den deutschen Stellen eine selbständige Abschlußfähigkeit verleiht, die auch selbständig ausgeübt wird. Sonst müßte üblicherweise bereits bei der Unterschrift unter den Tarifvertrag das Vertretungsverhältnis zum Ausdruck gebracht werden.

Nikisch, Dersch sowie Fechner und Maier nehmen demgegenüber an, daß die Funktionen der deutschen Stellen diesen originär zustehen. Sie legen nicht den Normaltyp des Arbeitsverhältnisses mit den beiden gegenläufigen Rollen Arbeitgeber und Arbeitnehmer zugrunde, sondern Sonderfälle wie das Leiharbeitsverhältnis oder den Gesamthafenbetrieb, wo weitere Personen mit originären Arbeitgeberfunktionen am Arbeitsverhältnis unmittelbar beteiligt sind. In der Tat muß gegenüber der Konstruktion des BAG betont werden, daß nach der geschichtlichen Entwicklung der fraglichen Arbeitsverhältnisse die ausländischen Streitkräfte bewiesenermaßen zu keiner Zeit Schuldner der betreffenden Arbeitnehmer gewesen sind. Immer ist es so gewesen, daß Ansprüche lediglich gegen die deutschen Stellen entstanden sind. An der originären Zahlungsverpflichtung der deutschen Stellen ändert auch der Umstand nichts, daß seit dem Truppenvertrag ein Ausgleich im Innenverhältnis vorbehalten ist, wie das BAG sagt. Herschel als Vertreter der Gegenmeinung stellt zu Recht fest, die Frage, wer endgültig global mit den sogenannten Stationierungskosten belastet werde, habe hiermit nichts zu tun[31]. Auch beim Leiharbeitsverhältnis ist es im Regelfall so, daß der Lohnschuldner das Arbeitsentgelt letztlich von dem erhält, der die Arbeitskraft in Anspruch nimmt[32]. Selbst wenn die Stationierungskosten im Endergebnis vollständig von den Alliierten getragen würden, was bekanntlich gegenwärtig nicht der Fall ist, wäre das kein Grund, der gegen die Annahme originärer Arbeitgeberfunktionen der deutschen Stellen sprechen würde; denn es entspricht einem allgemein anerkannten Grundsatz des Arbeitsrechts, daß auch derjenige Arbeitgeber ist, der den Arbeitnehmer auf fremde Rechnung beschäftigt[33].

Die Tariffähigkeit der deutschen Stellen zeigt, wie gesagt, daß hier nicht nur rein vermögensrechtliche Positionen, sondern Arbeitgeberbefugnisse ausgeübt werden. Es handelt sich dabei um originäre Befugnisse und nicht um Befugnisse eines Erfüllungsgehilfen. Die deutschen Stellen haben also Funktionen eines Arbeitgebers. Diese sind in Anbetracht der gleichzeitigen Arbeitgeberfunktionen der alliierten Stellen nur Teilfunktionen. Diese Teilfunktionen sind jedoch nicht die Teilfunktionen im Rahmen eines Leiharbeitsverhältnisses, wie das Arbeitsgericht Berlin meinte[34].

Das Leiharbeitsverhältnis wird nach übereinstimmender Auffassung dadurch gekennzeichnet, daß derjenige, der den Arbeitsvertrag geschlossen hat, den Arbeitnehmer nicht selbst beschäftigt, sondern einem anderen zur Verfügung stellt. Dieses Zur-Verfügung-Stellen wird hier als „Leihe" bezeichnet, was ebenso untechnisch gemeint ist, wie im Wort „Leihbücherei". Der Arbeitsvertrag besteht weiterhin zwischen dem Arbeitnehmer und dem „Verleiher", auch wenn der Arbeitnehmer im Betrieb des „Entleihers" nach dessen Weisungen arbeiten muß. Da der An-

---

[31] So FN. 27, S. 511 Anm. 15.
[32] Vgl. *Nikisch* (FN. 4) § 24 V 3, S. 245 Anm. 55.
[33] W. *Herschel:* Arbeitsrecht, 51.—56. Tausend 1968, S. 7. Die großen Gesamtdarstellungen des Arbeitsrechts sprechen dies — weil selbstverständlich — nicht besonders aus.
[34] Vgl. FN. 20. Dagegen Arbeitsgericht Berlin, Urteil vom 16. März 1956 (17 Ca 299/55), ebenfalls unveröffentlicht.

V. Eigene Stellungnahme

spruch auf Arbeitsleistung im Zweifel nicht übertragbar ist (§ 613 Satz 2 BGB), müssen alle drei Beteiligten — Verleiher, Entleiher und Arbeitnehmer — mit dieser Gestaltung des Arbeitsverhältnisses einverstanden sein. Soweit der Entleiher dadurch den Anspruch auf Arbeitsleistung und das Direktionsrecht erhält, findet nach herrschender Meinung[35] eine Teilung der Arbeitgeberfunktionen zwischen Verleiher und Entleiher statt und damit eine Aufspaltung der Arbeitgeberposition in der Weise, daß sowohl Verleiher als auch Entleiher dem Arbeitnehmer als Arbeitgeber gegenüberstehen. Diese Rechtslage besteht selbst für den Fall, daß der Verleiher seine Arbeitnehmer von vornherein nur einstellt, um sie „auszuleihen", wenn sie also überhaupt nicht in seinem Betrieb arbeiten, sondern nur anderen zur Verfügung gestellt werden sollen (sogenanntes unechtes Leiharbeitsverhältnis)[36].

Mit diesem unechten Leiharbeitsverhältnis scheint nun das Arbeitsverhältnis des Zivilpersonals der ausländischen Truppen eine gewisse Ähnlichkeit zu haben. Hatte doch der Legal Adviser die deutschen Stellen als Arbeitgeber angesehen und das „Entleihen" durch die Alliierten auf völkerrechtliche Requisition gegenüber den deutschen Stellen gestützt. Die gegenwärtigen Verhältnisse erlauben es jedoch nicht — will man den tatsächlichen Gegebenheiten nicht rechtlichen Zwang antun —, die deutschen Behörden als Vertragspartner anzusehen, der seine Arbeitnehmer nach Wegfall der Requisitionsmöglichkeit „völkerrechtsvertraglich" ausleiht. Die jeweiligen Arbeitnehmer können sich unmittelbar bei den alliierten Behörden bewerben und können dann auch unmittelbar von ihnen eingestellt werden. Zudem fehlt es an einer rechtlichen Verpflichtung der deutschen Seite, den Alliierten die benötigten Arbeitnehmer zu beschaffen. Sie muß ihnen dabei lediglich im Rahmen der bestehenden Arbeitsvermittlungsbehörden behilflich sein. Auf der anderen Seite kann man — weder für West-Berlin noch für das übrige Bundesgebiet — die Rolle der deutschen Seite rechtlich in der Weise vernachlässigen, daß man sie für die arbeitsvertraglichen Beziehungen außer Betracht läßt und so tut, als stünden sich im Rahmen des Arbeitsverhältnisses nur Arbeitnehmer und Alliierte gegenüber, während die zuständigen deutschen Behörden hinsichtlich der ihnen übertragenen Aufgaben nur als Erfüllungsgehilfen zu betrachten sind, also in keiner Weise selbständig und in eigener Funktion handeln. Tatsächlich ist es doch so, daß der deutsche Arbeitnehmer, der eine Tätigkeit bei den ausländischen Streitkräften übernimmt, damit sowohl in Rechtsbeziehungen zu den Alliierten selbst tritt, deren Direktionsrecht er unterworfen ist, die ihm unmittelbar kündigen können und denen auch er seine Kündigung zu

---

[35] *Hueck/Nipperdey* (FN. 3) § 54 IV 3, S. 523; *Nikisch* (FN. 4) § 24 V 1, S. 241.
[36] *Nikisch* (FN. 4) § 24 V 3, S. 244; vgl. aber *Hueck-Nipperdey* (FN. 3) § 54 IV 6, S. 526.

erklären hat, als auch zu den deutschen Stellen, die die Entlohnung durchführen und die Verpflichtungen aus der Sozialversicherung tragen müssen, die der durch die Alliierten vorläufig vorgenommenen tariflichen Einstufung zustimmen, die er im Konfliktfall verklagen muß und von denen er verklagt werden kann. Bei unbefangener Betrachtung ist also offensichtlich, daß dem Arbeitnehmer nicht nur ein einheitlicher Arbeitgeber gegenübersteht, sondern daß hier selbständige Arbeitgeberfunktionen auf zwei voneinander verschiedene Rechtsträger übertragen sind. Die Alliierten bedienen sich nicht lediglich der deutschen Behörden für Hilfstätigkeiten; es liegt hier keine bloße Wahrnehmung von Funktionen vor, die „eigentlich" den Alliierten zustehen. Diese Funktionen sind vielmehr — es sei hier nochmals auf die historische Entwicklung hingewiesen — noch nie von den Alliierten wahrgenommen worden. Seit Beginn der Beschäftigung deutscher Arbeitnehmer bei den auf deutschem Boden befindlichen ausländischen Truppen wurden diese Aufgaben von deutschen Behörden erfüllt. Von einer Übertragung auf die deutschen Behörden kann daher nicht die Rede sein. Vielmehr lag stets eine Funktionenteilung vor. Sowohl die alliierten Streitkräfte als auch die Bundesrepublik bzw. West-Berlin übten seit jeher die Arbeitgeberfunktionen gemeinschaftlich aus. Sowohl die alliierten als auch die deutschen Stellen sind daher als Arbeitgeber anzusehen.

Dieses Ergebnis wird durch Überlegungen gestützt, die auf einer anderen Ebene liegen. Die Arbeitgeberstellung der deutschen Behörden könnte sich nämlich auch daraus ergeben, daß die alliierten Truppen mit ihrer Tätigkeit auf deutschem Territorium, zu deren Erfüllung sie deutsches Personal hinzuziehen, Aufgaben wahrnehmen, die als öffentliche Aufgaben der Bundesrepublik Deutschland oder des Landes Berlin anzusehen sind. Es liegt also nahe zu prüfen, ob die Tätigkeit des deutschen Personals nicht der Sache nach deutscher öffentlicher Dienst ist.

§ 4 Die Tätigkeit deutscher Arbeitnehmer bei den ausländischen Streitkräften als deutscher öffentlicher Dienst

I. Der formelle und der materielle Begriff des öffentliches Dienstes

Schon der äußere Umstand, daß die hier maßgeblichen Tarifverträge TV AL II und TV B II von Tarifpartnern abgeschlossen wurden, die sonst die Tarifverträge des öffentlichen Dienstes abschließen, deutet daraufhin, daß die Tätigkeit des deutschen Personals der ausländischen Streitkräfte in den Bereich des öffentlichen Dienstes gehört. Beim öffentlichen Dienst bereitet aber die Begriffsbestimmung ähnliche Schwierigkeiten, wie beim Begriff des Arbeitgebers. Zwar verbinden sich mit diesem Ausdruck sofort bestimmte Vorstellungen von typischen Tätigkeitsbereichen, aber die Schwierigkeiten beginnen, sobald eine Abgrenzung zum nicht-öffentlichen Dienst vorgenommen werden muß. Diese Abgrenzung wird herkömmlicherweise als Abgrenzung zur Tätigkeit in der Privatwirtschaft verstanden. Unser Fall macht aber darüber hinaus noch eine weitere Abgrenzung notwendig, nämlich die Abgrenzung zum ausländischen öffentlichen Dienst. Denn geht man von der in Deutschland herrschenden Zweiteilung: öffentlicher Dienst/privatwirtschaftliches Arbeitsverhältnis aus, so zeigt das Beispiel des deutschen Personals der ausländischen Streitkräfte auf deutschem Boden, daß es Tätigkeiten gibt, die zwar nicht der Privatwirtschaft zugeordnet werden können, damit aber noch nicht ohne weiteres als *deutscher* öffentlicher Dienst anzusehen sind.

Die Abgrenzung des öffentlichen Dienstes zur Tätigkeit in der Privatwirtschaft ist nach formellen und nach materiellen Kriterien möglich[1]. Formell ist öffentlicher Dienst der Dienst bei einer juristischen Person des öffentlichen Rechts. Geht man von diesem formellen Begriff des

---

[1] Dazu eingehend G. *Pfennig:* Der Begriff des öffentlichen Dienstes und seiner Angehörigen, 1960, S. 30 ff., der als weiteres Abgrenzungskriterium noch die Rechtsform des Beschäftigungsverhältnisses nennt (S. 36 f.); vgl. ferner *Denecke:* Zum Begriff und Wesen des öffentlichen Dienstes, in RdA 1955, S. 401—404; *Dietz:* Zur Abgrenzung des öffentlichen Dienstes, in FS A. Hueck, 1959, S. 123 (126); *Hueck/Nipperdey:* Lehrbuch des Arbeitsrechts, Bd. I, 7. Aufl. 1963, § 13, S. 80—83; *Nikisch:* Arbeitsrecht, Bd. I, 3. Aufl. 1961, § 14 III 3, S. 104—108.

öffentlichen Dienstes aus, stünde der hier zu untersuchende Personenkreis schon deshalb im öffentlichen Dienst, weil nach dem funktionellen Arbeitgeberbegriff die deutschen Behörden als Arbeitgeber anzusehen sind. Indessen können wir hier nicht derart formal argumentieren und die Untersuchung abbrechen, weil wir ja gerade aus den materiellen Kriterien der betreffenden Tätigkeit ein zusätzliches Argument für die Arbeitgeberposition der deutschen Stellen gewinnen wollen. Aus diesem Grunde müssen wir nach einer materiellen Begriffsbestimmung des öffentlichen Dienstes suchen.

Ansatzpunkte für diese materielle Begriffsbestimmung können verschiedene Gesetze bilden, die den Begriff des öffentlichen Dienstes verwenden und zum Teil näher umschreiben, wie er zu verstehen sei[2]. Eines dieser Gesetze ist das 1947 außer Kraft getretene Gesetz zur Ordnung der Arbeit in öffentlichen Verwaltungen und Betrieben. Hier wurde zwischen Verwaltungen einerseits und Betrieben der öffentlichen Körperschaften, Stiftungen und Anstalten andererseits unterschieden. Während die Tätigkeit bei Verwaltungen ohne weiteres dem öffentlichen Dienst zugerechnet wurde, wurde bei den Betrieben auf ihre Funktion abgestellt, indem man die Betriebe zur Befriedigung wirtschaftlicher Bedürfnisse von den Betrieben mit nichtwirtschaftlichen Zwecken trennte. Bei Betrieben mit nicht-wirtschaftlichen Zwecken kam es entscheidend auf den Rechtsträger an. War dieser eine öffentliche Verwaltung, unterstand dieser einer öffentlichen Verwaltung oder wurde er von einer öffentlichen Verwaltung beherrscht, so gehörte er zum Bereich des öffentlichen Dienstes. Bei Betrieben zur Befriedigung eines wirtschaftlichen Bedürfnisses genügten dagegen diese Voraussetzungen nicht. Hier mußte ein materielles Erfordernis hinzukommen: Die Befriedigung des wirtschaftlichen Bedürfnisses mußte durch Gesetz oder tatsächliche Übung ganz oder teilweise der öffentlichen Hand vorbehalten sein.

Die neueren Gesetze, die den öffentlichen Dienst betreffen, gehen meist von einem nicht erläuterten[3] oder von einem formell umrissenen Begriff des öffentlichen Dienstes aus. Für eine der wichtigsten Abgrenzungen sind formelle Gesichtspunkte ausschlaggebend: Nach § 88 Abs. 1 BetrVerfG findet das Betriebsverfassungsgesetz keine Anwendung auf die Betriebe und Verwaltungen des Bundes, der Länder, der Gemeinden

---

[2] Vgl. die ausführliche Zusammenstellung von Gesetzen, die den Begriff „öffentlicher Dienst" verwenden, bei *Pfennig* (FN. 1), S. 13—29.

[3] So Art. 33 Abs. 4 GG, der jedoch nach h. M. nur das Berufsbeamtentum meint (*von Mangoldt/Klein:* Das Bonner Grundgesetz, Bd. II, 2. Aufl. 1964, Art. 33 Anm. VI 2); ferner das Gesetz zur Regelung der Wiedergutmachungen national-sozialistischen Unrechts für Angehörige des öffentlichen Dienstes vom 11. Mai 1951 (BGBl I, 291); Gesetz über die Rechtsstellung der in den Bundestag gewählten Angehörigen des öffentlichen Dienstes vom 4. August 1953 (BGBl I, 777).

I. Der formelle und der materielle Begriff des öffentlichen Dienstes

und sonstigen Körperschaften und Anstalten des öffentlichen Rechts. Diese unterliegen den Personalvertretungsgesetzen des Bundes und der Länder. Mehr in Richtung auf eine materielle Abgrenzung geht § 21 Abs. 2 KSchG, der die Vorschriften des 3. Abschnitts des Kündigungsschutzgesetzes (über Massenentlassungen) auf Betriebe, die von einer öffentlichen Verwaltung geführt werden, für anwendbar erklärt, soweit sie wirtschaftlichen Zwecken dienen. Auch mit dieser Vorschrift, die den Zweck verfolgt, den öffentlichen Dienst aus dem Geltungsbereich des 3. Abschnittes des KSchG auszuklammern, ist indessen ein materieller Begriff des öffentlichen Dienstes nicht gewonnen[4].

Anders ist es dagegen beim Gesetz zur Durchführung des Gesetzes zur Regelung der Wiedergutmachung nationalsozialistischen Unrechts für Angehörige des öffentlichen Dienstes[5]. Nach § 2 a Abs. 1 Satz 4 dieses Gesetzes durften deutsche Einrichtungen und Verbände in bestimmten Gebieten als zum öffentlichen Dienst gehörend berücksichtigt werden, wenn ihr in diesen Gebieten anerkannter Aufgabenkreis dem einer Reichs-, Länder- oder Gemeindedienststelle oder einer am 30. Januar 1933 im Reichsgebiet bestehenden Nicht-Gebietskörperschaft gleichzuachten war. Außerdem konnten andere Einrichtungen der öffentlichen Hand berücksichtigt werden, die bestimmten, im einzelnen aufgeführten Einrichtungen rechtlich und hinsichtlich ihres öffentlichen Aufgabenkreises gleichgeartet waren.

Wie diese Regelung deutlich macht, kommen als einzige materielle Kriterien des öffentlichen Dienstes nur Funktion und Aufgabenkreis des Bediensteten in Betracht[6]. Denn stellt man nicht formal auf den Dienstherrn ab, also auf die Anstellungskörperschaft oder die Beschäftigungsbehörde, so läßt es sich in bezug auf eine bestimmte Tätigkeit nur von ihrer Funktion her feststellen, ob sie dem öffentlichen Dienst zuzuordnen ist oder nicht. Diese Funktion gehört entweder zum Tätigkeitsfeld des Staates oder zur Privatwirtschaft. Zu Recht sieht es also Denecke als für den öffentlichen Dienst entscheidend an, daß der Dienst die Erfüllung unmittelbarer Staatsaufgaben, obrigkeitliche Verwaltung oder die Daseinsvorsorge für Mitglieder der Gemeinschaft zum Inhalt

---

[4] Ebenso *Denecke* (FN. 1), S. 401; *Dietz* (FN. 1), S. 132.
[5] Vom 13. Dezember 1951 in der Fassung vom 1. August 1962, GVBl Berlin 1962, S. 968.
[6] So *Dietz* (FN. 1), S. 127; *Denecke* (FN. 1), S. 403 unter V; ferner ders. in BGB-RGRK, 11. Aufl. 1959, Vorbem. vor § 611, RZ 39; *Kümmel:* Der Begriff des öffentlichen Dienstes im Beamten-, Besoldungs- und Tarifrecht, RiA 1954, S. 64; *Korte:* Öffentlicher Dienst, in Handwörterbuch der Sozialwissenschaften, 1959, Stichwort „Dienst", S. 593. Früher war die materielle Begriffsbestimmung die allein maßgebliche, vgl. *Pfennig* (FN. 1), S. 30 f. So war öffentlicher Dienst nach *Triepel* (Staatsdienst und staatlich gebundener Beruf, in FS Binding, Bd. 2, 1911, S. 5) „jede Tätigkeit, die von Staatsuntertanen nach Maßgabe des öffentlichen Rechts zur Verwirklichung staatlicher Aufgaben entfaltet wurde".

hat[7]. Ob das im Einzelfall zutrifft, richtet sich nach der jeweiligen Staats- und Wirtschaftsverfassung. Gehören nach dieser Verfassung bestimmte Aufgaben ausschließlich zur Staatstätigkeit, so sind Tätigkeiten auf diesem Gebiet öffentlicher Dienst. Öffentlicher Dienst ist also die Erfüllung von Staatsfunktionen durch Arbeitnehmer.

Gegenüber dem formellen Begriff des öffentlichen Dienstes ergeben sich damit zwangsläufig Unterschiede. Man kann hier an zwei sich schneidende Kreise denken. Das Gebiet der Hoheitsverwaltung ist nach beiden Begriffen, sowohl dem materiellen wie dem formellen Begriff, öffentlicher Dienst. Daneben gibt es Tätigkeiten, die von Betrieben, Körperschaften oder Anstalten des öffentlichen Rechts durchgeführt werden, sich aber durch nichts von den Tätigkeiten entsprechender Privatbetriebe unterscheiden. Ein solcher Fall liegt vor, wenn sich Wirtschaftsbetriebe des Staates rein wirtschaftlich betätigen und auf ihrem Gebiet mit Betrieben der Privatwirtschaft in Konkurrenz treten[8]. Nach dem formellen Begriff gehören auch diese Betriebe zum öffentlichen Dienst, nach dem materiellen deshalb nicht, weil hier nicht Funktionen erfüllt werden, die ausschließlich der Staatstätigkeit vorbehalten sind. Auf der anderen Seite kann der Staat ihm ausschließlich vorbehaltene Aufgaben auch mit Betrieben erfüllen, die nicht die Rechtsform von Betrieben und Verwaltungen einer Gebietskörperschaft oder anderer Körperschaften sowie Anstalten des öffentlichen Rechts haben. Die Tätigkeit in diesen Betrieben ist dann nach dem materiellen Begriff, weil ausschließliche Staatsfunktionen erfüllend, öffentlicher Dienst, nach dem formellen Verständnis des öffentlichen Dienstes dagegen nicht.

Da der Inhalt der dem Staat vorbehaltenen Aufgaben von der Staatsstruktur, d. h. von der jeweiligen Staats- und Wirtschaftsverfassung abhängig ist, stimmen die Bereiche, die dem öffentlichen Dienst zuzuordnen sind, im wesentlichen mit denen der öffentlichen Verwaltung überein. Legt man die Definition der öffentlichen Verwaltung von Hans J. Wolff zugrunde[9], so ist öffentlicher Dienst die mannigfaltige, zweckbestimmte, nur teilplanende, selbstbeteiligt durchführende und gestaltende Wahrnehmung der Angelegenheiten von Gemeinwesen und ihrer Mitglieder als solcher durch die dafür bestellten Sachwalter des Gemeinwesens.

Gegen einen derartig allgemeinen Begriff des öffentlichen Dienstes ist vornehmlich von Dietz[10] eingewandt worden, daß er die Gefahr einer Ausuferung mit sich bringe. Aus welchem Grunde allerdings eine solche

---
[7] *Denecke* (FN. 1), S. 403.
[8] Dieser Gesichtspunkt des Wirtschaftsverwaltungsrechts wird zu Recht von *Denecke* hervorgehoben (ebd.).
[9] *Hans J. Wolff*: Verwaltungsrecht, Bd. I, 6. Aufl. 1965, § 2 II c, S. 12.
[10] *Dietz* (FN. 1), S. 132; ebenfalls dagegen *Pfennig* (FN. 1), S. 33 ff.

Gefahr besteht, ist nicht recht einsichtig. Dietz führt aus, daß der Staat in Notzeiten gezwungen sein könne, in sehr weite Bereiche der Wirtschaft einzugreifen, und zwar auf Grund seiner Aufgabe der Daseinsvorsorge. Damit könne aber, meint Dietz, dieser Bereich noch nicht zum öffentlichen Dienst gerechnet werden. Ferner sei es nicht möglich, zwischen notwendigen und nicht notwendigen Staatstätigkeiten zu differenzieren. Dem ist zu entgegnen, daß der Begriff des öffentlichen Dienstes entsprechend der Staats- und Wirtschaftsverfassung variabel ist. Greift der Staat in Notzeiten in weite Bereiche der Wirtschaft ein, so verändert sich dementsprechend die Wirtschaftsverfassung und damit auch der Bereich des öffentlichen Dienstes. In Wirtschaftssystemen mit staatlichen Kettenläden stehen die dort beschäftigten Angestellten unstreitig im Staatsdienst. Es ist also durchaus denkbar, daß eine Betätigung im Lebensmittelhandel öffentlicher Dienst ist, was Dietz glaubt, als argumentum ad absurdum vorbringen zu können[11].

Wir können also der Qualifizierung des öffentlichen Dienstes einen weitgefaßten materiellen Begriffsinhalt zugrunde legen und müssen jetzt die Tätigkeit der Alliierten, bei denen das fragliche deutsche Personal beschäftigt ist, daraufhin analysieren, ob sie als Ausübung deutscher Hoheitsfunktionen betrachtet werden kann.

II. Die Tätigkeit der ausländischen Streitkräfte als Ausübung deutscher Hoheitsfunktionen

Die Ausübung deutscher Hoheitsfunktionen durch die ausländischen Streitkräfte kann sich aus der Rechtsgrundlage für ihre Präsenz auf deutschem Territorium und aus der Aufgabe ergeben, die sie zu erfüllen haben. Die Rechtsgrundlage für die Präsenz der ausländischen Truppen ist in der Bundesrepublik und in West-Berlin verschieden. Während für die Bundesrepublik mittlerweile völkerrechtliche Verträge bestehen, hat sich der Rechtszustand in West-Berlin seit 1945 nur unwesentlich verändert. Hier beruht die Anwesenheit der Alliierten nach wie vor auf dem völkerrechtlichen Vorgang der Okkupation Deutschlands, der sich nicht ausschließlich nach den Regeln der Haager Landkriegsordnung vollzog, sondern als bisher noch nicht bekannter Vorgang neue Völkerrechtsnormen setzte[12]. Entsprechend der Berliner Erklärung über die Niederlage Deutschlands und zur Übernahme der Regierungsgewalt durch die Alliierten vom 5. Juni 1945 und der damit in Zusammenhang stehenden Feststellungen der Alliierten vom selben Tage[13]

---
[11] Ebd. Anm. 21.
[12] *Dennewitz* in Bonner Kommentar, Bd. II, Anhang: Besatzungsrecht, S. 2.
[13] Abgedruckt in: Berlin, Quellen und Dokumente 1945 bis 1951, 1. Halbbd., 1964, S. 59 f. Dazu *Dennewitz* (FN. 12) mit weiteren Nachweisen.

wird die oberste Regierungsgewalt (supreme authority) von den Besatzungsmächten ausgeübt, im Umfang näher festgelegt durch das Kleine Besatzungsstatut[14], das nach Inkrafttreten der Pariser Verträge jetzt in der Fassung vom 5. Mai 1955[15] gilt. Zwar sieht Nr. 1 des Kleinen Besatzungsstatuts vor, daß Berlin alle seine Rechte, Machtbefugnisse und Verantwortlichkeiten ausübt, wie sie in der Verfassung von Berlin niedergelegt seien. Aber die oberste Gewalt bleibt bei den Alliierten aufgrund der im folgenden niedergelegten Einschränkungen. So lautet z. B. Nr. 7 Satz 2: „Im Falle der Nichtübereinstimmung mit alliierter Gesetzgebung oder mit anderen Maßnahmen der alliierten Behörden oder mit den Rechten der alliierten Behörden aufgrund dieser Erklärung kann die Berliner Gesetzgebung durch die Alliierte Kommandantura aufgehoben oder für nichtig erklärt werden." In Berlin besteht also ein ähnlicher Rechtszustand, wie er in der Bundesrepublik nach Inkrafttreten des Besatzungsstatuts vom 10. April 1949 bestand. Auch dort verblieb damals die oberste Regierungsgewalt bei den Regierungen der drei Westmächte, wobei allerdings der Bundesrepublik ein „überragender Zuständigkeitsbereich im Gebrauch der obersten Gewalt zustand"[16].

Über das Verhältnis der Besatzungsgewalt zur deutschen Regierungsgewalt wurden während des Besatzungsregimes drei Meinungen vertreten[17]. Danach übten die Besatzungsmächte entweder deutsche Staatsgewalt in der Weise aus, daß sie im deutschen Namen als Quasi-Treuhänder für den deutschen Staat handelten, oder sie übten völkerrechtliche Besatzungsgewalt aus, handelten also im eigenen Namen, oder sie übten sowohl deutsche Staatsgewalt aus als auch völkerrechtliche Besatzungsgewalt. Die letztere Ansicht war zu Recht die herrschende; denn es ist für die rechtliche Qualifizierung auf die jeweiligen Interessen abzustellen, die durch eine spezielle Maßnahme gewahrt werden sollen. Soweit die Alliierten in Berlin hoheitlich tätig werden, können sie also sowohl deutsche Staatsgewalt als auch alliierte Besatzungsgewalt ausüben. Die Regierungsgewalt in Berlin wird mithin von den Besatzungsmächten und der Regierung des Landes Berlin gemeinschaftlich ausgeübt. Wenn die Besatzungsmächte gegenüber deutschen Staatsangehörigen hoheitlich tätig werden, üben sie deutsche Staatsgewalt aus. Anders wäre eine Ver-

---

[14] Besatzungsstatut für West-Berlin vom 14. Mai 1949, abgedruckt in: Dokumente zur Berlin-Frage 1944—1962, 1962, Nr. 87, S. 114 ff. Spätere Fassungen von 1950 und 1951 sind abgedruckt ebd. unter Nr. 119, S. 150 f., und Nr. 129, S. 162 f.

[15] GVBl Berlin 1955, S. 335.

[16] *Dennewitz* (FN. 12), S. 5 f.

[17] Vgl. *von Mangoldt/Klein:* Das Bonner Grundgesetz, Bd. I, 2. Aufl. 1957, Einleitung V 5, S. 15; *Friedrich Klein:* Neues deutsches Verfassungsrecht, 1949, S. 44 ff. (46), 65 f.; ders. in SJZ 1949, S. 738 (742); *Grewe:* Ein Besatzungsstatut für Deutschland. Die Rechtsformen der Besatzung, 1948, S. 85, mit Nachweisen.

II. Die Tätigkeit als Ausübung deutscher Hoheitsfunktionen

bindlichkeit ihrer Anordungen nicht begründbar[18]. Daraus folgt, daß die Tätigkeit der deutschen Arbeitnehmer bei ihnen in West-Berlin deutscher öffentlicher Dienst im materiellen Sinne ist.

Die Lage in der Bundesrepublik ist im Ergebnis nicht anders zu beurteilen. Die Bundesrepublik untersteht zwar nicht mehr dem Besatzungsrecht, sie hat aber im NATO-Truppenstatut die ihr kraft völkerrechtlicher Souveränität zustehende Hoheitsgewalt zu einem kleinen Teil den ausländischen NATO-Truppen zur Ausübung übertragen. Nach Art. 3 Abs. 2 des Zusatzabkommens zum NATO-Truppenstatut[19] erstreckt sich die Zusammenarbeit zwischen deutschen Behörden und ausländischen Truppen im Rahmen der NATO insbesondere „auf die Förderung und Wahrung der Sicherheit sowie den Schutz des Vermögens der Bundesrepublik" bzw. „auf die Förderung und Wahrung der Sicherheit sowie den Schutz des Vermögens von Deutschen...". Das sind ursprüngliche Staatsfunktionen der Bundesrepublik, die nun im Rahmen eines kollektiven Sicherheitsbündnisses von den NATO-Truppen wahrgenommen werden sollen. Üben die NATO-Truppen also neben der Hoheitsgewalt ihrer Entsendestaaten zugleich deutsche Hoheitsgewalt aus, so ist die Tätigkeit des bei ihnen beschäftigten deutschen Zivilpersonals ebenfalls deutscher öffentlicher Dienst im materiellen Sinne.

Wie dieses Ergebnis zeigt, haben Art. 44 Abs. 4 des Truppenvertrages und ihm folgend Art. 56 Abs. 1 lit. f des NATO-Truppenstatuts, wonach die Tätigkeit bei den ausländischen Streitkräften nicht als Tätigkeit im deutschen öffentlichen Dienst gilt, den Charakter einer gesetzlichen Fiktion; denn der Sache nach ist diese Tätigkeit durchaus deutscher öffentlicher Dienst. Zwar wurde in der Literatur schon vor Inkrafttreten dieser Bestimmungen das Gegenteil vertreten[20]. Die Begründungen sind aber kaum zwingend. So wird bei Pretzsch/Schalkhäuser/Rechenberg[21] ausgeführt, die Tätigkeit bei einer Besatzungsmacht könne begrifflich, „d. h. ihrer ganzen Rechtsnatur nach, dem deutschen öffentlichen Dienst ... nicht zugerechnet werden". Warum dies nicht der Fall sein könne, wird nicht dargelegt. Vielmehr wird lediglich in einer Fußnote auf einen Erlaß des Bundesministers der Finanzen verwiesen, in dem es heißt, die Tätigkeit bei der Besatzungsmacht sei nach „allgemeiner Auffassung" kein Arbeitsverhältnis des deutschen öffentlichen Dienstes im Sinne der besoldungsrechtlichen, versorgungsrechtlichen und tarifrechtlichen Vorschriften. Schon die vorsichtige Formulierung stimmt skeptisch. Offen-

---

[18] *Klein* ebd. S. 46.
[19] BGBl 1961 II 1218, 1221.
[20] *Pretzsch/Schalkhäuser/Rechenberg*: Das Recht der Arbeitnehmer bei den Streitkräften, 1955, S. 19 und S. 26 unter 3; *Maurer* in BlStSozArb. 1955, S. 123 (Ausgabe für die Bundesrepublik).
[21] FN. 20, S. 19.

bar ging man von der Möglichkeit aus, daß die fragliche Tätigkeit in anderer Hinsicht sehr wohl deutscher öffentlicher Dienst sein könne. Im übrigen ist die Berufung auf einen Erlaß des Finanzministers, der die Interessen seines Hauses vertritt, ein schwaches Argument. Entscheidend aber ist, daß diese und andere Äußerungen[22] immer von der Eigenschaft der Besatzungsmächte als ausländische Hoheitsträger ausgehen und ihre Funktion im Rahmen des deutschen Staatsapparats, nämlich ihre Ausübung deutscher Hoheitsbefugnisse, völlig außer acht lassen.

III. Die Arbeitsbedingungen des deutschen Personals als rechtswidrige Benachteiligung gegenüber dem übrigen deutschen öffentlichen Dienst

Sind die deutschen Stellen funktionell Arbeitgeber des deutschen Personals der ausländischen Streitkräfte und ist deren Tätigkeit deutscher öffentlicher Dienst im materiellen Sinne, dann läßt sich die Regelung, derzufolge der Dienst bei den ausländischen Streitkräften nicht als deutscher öffentlicher Dienst gilt, sachlich nur rechtfertigen, wenn der Umstand, daß die betreffenden Arbeitnehmer ihre Arbeit effektiv bei den ausländischen Streitkräften leisten, einen derartigen Unterschied zwischen ihrem Dienst und dem übrigen deutschen öffentlichen Dienst darstellt, daß eine Gleichbehandlung beider Arbeitnehmerkreise sachwidrig wäre. Anderenfalls liegt ein Verstoß gegen den verfassungsrechtlichen Gleichbehandlungsgrundsatz vor (Art. 3 Abs. 1 GG), der zur Unwirksamkeit der entsprechenden Arbeitsbedingungen führt[23].

Sehen wir uns daraufhin die Arbeitsbedingungen näher an, so ist die Tatsache, daß für den hier interessierenden Personenkreis ein besonderer Tarifvertrag abgeschlossen wurde, als solche nicht zu beanstanden; denn es steht im Ermessen der Tarifvertragsparteien, den Geltungsbereich ihres Tarifwerks zu bestimmen. Auch im übrigen öffentlichen Dienst gelten für bestimmte Arbeitnehmergruppen besondere Tarifver-

---

[22] Vgl. etwa *Beitzke:* Arbeitsverhältnisse bei Stationierungsstreitkräften, in Arbeitsrecht-Blattei, D Stationierungsstreitkräfte I, unter B IV: „Indessen rechtfertigt sich die vorgesehene Regelung (d. h. Art. 56 Abs. 1 lit. f des Zusatzabkommens) daraus, daß der Dienst bei der Besatzungsmacht oder den Stationierungsstreitkräften, auch wenn er sachlich Gleiches zum Inhalt haben mag wie der Dienst bei deutschen Behörden oder der deutschen Bundeswehr, doch nicht bei einer deutschen, sondern einer ausländischen Stelle geleistet wird."

[23] BVerfG 13/356, 363 f. (zum Vergleich zweier verschiedener Laufbahnen); weitere Nachweise zur Tragweite des Gleichbehandlungsgrundsatzes im Arbeitsrecht bei *Leibholz/Rinck:* GG, 3. Aufl. 1968, Art. 3 Nr. 21 und 28, ferner im allgemeinen *Götz Hueck:* Der Grundsatz der gleichmäßigen Behandlung im Privatrecht, 1958; *M. Rehbinder:* Die Diskriminierung, ihre Ursachen und ihre Bekämpfung, in Kölner Zeitschrift für Soziologie und Sozialpsychologie 15 (1963), S. 6—23.

einbarungen. Es fällt aber auf, daß hier materiell durchweg eine Schlechterstellung gegenüber vergleichbaren Positionen der deutschen Dienststellen vereinbart wurde. Das soll durch einen Vergleich zwischen dem gegenwärtig für Berlin geltenden Tarifvertrag vom 30. Januar 1968 (TV B II) und dem auch in Berlin geltenden Bundes-Angestelltentarif vom 23. Februar 1961 in der Fassung des 20. Änderungstarifvertrages (1. Januar 1969) im einzelnen belegt werden.

BAT und TV B II gehen im Aufbau ihrer Gehaltsgruppen von derselben Systematik aus. Die Einstufung erfolgt in die Gruppen X bis I, wobei X die niedrigste und I die höchste Vergütungsgruppe darstellt[24]. Der BAT hat allerdings in neuerer Zeit eine stärkere Differenzierung dadurch erfahren, daß bei den Gruppen IX, VI, IV und II die Untergruppen a und b, bei der Gruppe X die Untergruppen a, b und c eingeführt wurden. Die Tätigkeitsmerkmale sind in beiden Tarifverträgen gleich, allerdings weicht die Gruppeneinstufung infolge der stärkeren Differenzierung des BAT mitunter um eine Stufe ab. Auch im übrigen ist der Aufbau im wesentlichen nach demselben Schema erfolgt. Materiell aber fallen folgende Unterschiede auf: Nach § 31 BAT wird den Angestellten ein Kinderzuschlag in sinngemäßer Anwendung der für die Beamten des Arbeitgebers jeweils geltenden Bestimmungen gewährt. Eine vergleichbare Regelung ist im TV B II nicht enthalten.

Schlechter ist auch die Regelung über Leistungen im Krankheitsfalle. Nach § 31 Abs. 1 TV B II erhält der Angestellte im Falle von Arbeitsunfähigkeit wegen Erkrankung sowie während eines von einem Rentenversicherungsträger oder einer Versorgungsbehörde verordneten Heilverfahrens seinen Arbeitsverdienst bis zur Dauer von 6 Wochen, nach § 31 Abs. 2 bei einer Beschäftigungsdauer von einem Jahr im Kalenderjahr eine Lohnfortzahlung von weiteren 6 Wochen und nach § 31 Abs. 3 bei Arbeitsunfällen Lohnfortzahlung bis zum Ende der 16. Krankheitswoche. Demgegenüber sieht § 37 BAT vor, daß nach einer Dienstzeit von weniger als 2 Jahren die Krankenbezüge bis zum Ende der 6. Woche gezahlt werden, nach 2 Jahren Dienstzeit bis zum Ende der 9. Woche, nach 3 Jahren bis zum Ende der 12. Woche, nach 5 Jahren bis zum Ende der 18. Woche und nach 10 Jahren bis zum Ende der 26. Woche. Bei Arbeitsunfällen und Berufskrankheiten im Sinne der RVO werden die Krankenbezüge bis zum Ende der 26. Woche weitergezahlt. Der Angestellte bei den ausländischen Streitkräften kann hiernach im 2. Beschäftigungsjahr besser gestellt sein als nach BAT, weil ihm nach § 31 Abs. 2 TV B II ein zusätzlicher Anspruch auf Lohnfortzahlung für insgesamt weitere 6 Wochen zusteht, dies aber nur bei einer Erkrankung, die länger als 9 Wochen dauert. Erkrankt er dagegen mehrmals, steht ihm nach

---

[24] Vgl. § 58 TV B II und Anlage 1a zum BAT.

§ 37 Abs. 2 BAT für jede Erkrankung ein Lohnfortzahlungsanspruch von 9 Wochen zu, während nach § 31 Abs. 2 TV B II die zusätzlichen 6 Wochen nicht jedes Mal, sondern nur einmal im Kalenderjahr gewährt werden. Eine eindeutige Schlechterstellung ergibt sich aber bei den mehr als 5 Jahre beschäftigten Arbeitnehmern. Nach TV B II bleibt es beim jährlichen Maximalanspruch von insgesamt 12 Wochen, während nach § 37 Abs. 2 BAT für jeden selbständigen Erkrankungsfall im Jahr ein Anspruch auf Fortzahlung für 15, 18 oder 26 Wochen besteht.

Auch bei Arbeitsunfällen stehen die Angestellten, die bei den Alliierten tätig sind, wesentlich schlechter als ihre Kollegen im übrigen öffentlichen Dienst. Während diesen ein Lohnfortzahlungsanspruch für 26 Wochen zusteht, können jene nur für 16 Wochen die Weiterzahlung des Gehalts verlangen. Für Berufskrankheiten, für die nach BAT das gleiche gilt wie für Arbeitsunfälle, steht ihnen sogar überhaupt kein besonderer Lohnfortzahlungsanspruch zu.

Selbst hinsichtlich der Höhe der im Krankheitsfall fortzuzahlenden Bezüge werden die Truppenbediensteten gegenüber den anderen benachteiligt: während sie nach § 31 Abs. 4 TV B II nur den Arbeitsverdienst fortgezahlt bekommen, den sie erhalten hätten, wenn sie nicht arbeitsunfähig erkrankt wären, berechnen sich die Krankenbezüge der übrigen Angestellten im öffentlichen Dienst bei Erkrankungen von mehr als 14 Tagen Dauer hinsichtlich der Zulagen, Vergütungen für Überstunden und Bereitschaftsdienste nach dem Tagesdurchschnitt der letzten 3 Kalendermonate (§ 37 Abs. 3 lit. b BAT). Auch die Regelung des Sterbegeldes ist unterschiedlich. Während nach § 41 Abs. 3 BAT den Anspruchsberechtigten der Regelverdienst des verstorbenen Angestellten für den Sterbemonat in voller Höhe und für weitere 2 Monate abzüglich des Kinderzuschlags gewährt wird, sieht § 38 Abs. 3 TV B II die Zahlung des regelmäßigen Verdienstes für 45 Kalendertage vor. Nur bei einem Arbeitsunfall mit Todesfolge sowie bei Arbeitnehmern, die bereits am 31. Dezember 1967 beschäftigt waren und insgesamt 4 Jahre ununterbrochen tätig gewesen sind, werden Sterbegelder für 90 Kalendertage gezahlt.

Jubiläumszuwendungen sind nach TV B II im Gegensatz zu § 39 BAT überhaupt nicht vorgesehen, desgleichen keine Ansprüche auf Beihilfe für Kosten von Krankheiten usw., die dem Angestellten nach BAT ebenso wie dem Beamten des jeweiligen Dienstherrn zustehen. Gerade dieser letztere Punkt bedeutet eine wesentliche Benachteiligung.

Auch hinsichtlich des Erholungsurlaubs ist der BAT erheblich arbeitnehmerfreundlicher. Die ihm unterliegenden Angestellten erhalten nach § 48 je nach Vergütungsgruppe und Lebensalter 18 bis 36 Werktage, während die bei den Alliierten beschäftigten Angestellten nur einen

III. Die Arbeitsbedingungen des deutschen Personals

Urlaub von maximal 24 Werktagen erhalten (§ 33 TV B II). § 52 BAT sieht ferner nicht nur mehr Anlässe vor, bei denen Arbeitsbefreiung gewährt wird, sondern räumt auch in verschiedenen Fällen eine längere Dauer ein als § 28 TV B II.

Schließlich besteht eine erhebliche Benachteiligung auch hinsichtlich der Kündigungsfristen, die zum Teil, wie oben (§ 2 I) dargelegt, noch nicht einmal mit den Mindestfristen des AngKündSchG zu vereinbaren sind. Während nach § 44 Abs. 1 TV B II für Angestellte im ersten Beschäftigungsjahr eine Frist von einem Monat zum Monatsschluß, dann generell ohne weitere Differenzierung von 6 Wochen zum Quartalsschluß besteht, sieht § 53 Abs. 2 BAT eine Staffelung der Kündigungsfristen von 3, 4, 5 und 6 Monaten zum Quartalsschluß bei einer Beschäftigungsdauer von mindestens 5, 8 oder 12 Jahren vor. Der in § 53 Abs. 3 BAT vorgesehene besondere Kündigungsschutz für ältere, langjährig beschäftigte Angestellte wurde allerdings nachträglich in § 46 a des TV B II im wesentlichen übernommen: Nach einer ununterbrochenen Beschäftigungszeit von mehr als 15 Jahren bei den alliierten Behörden und Streitkräften *desselben* Elements (d. h. derselben Nationalität) kann das Beschäftigungsverhältnis eines Arbeitnehmers, der das 40. Lebensjahr vollendet hat, durch die alliierten Behörden und Streitkräfte nur noch aus wichtigem Grunde gekündigt werden.

Zusammenfassend folgt aus dieser Gegenüberstellung der beiden Tarifverträge, daß die bei den Alliierten beschäftigten deutschen Arbeitnehmer, obwohl sie die gleiche Tätigkeit ausüben wie die anderen Arbeitnehmer des öffentlichen Dienstes und obwohl das Land Berlin auch für sie der Arbeitgeber ist, Arbeitsbedingungen unterliegen, die sie in wesentlichen Punkten gegenüber anderen Arbeitnehmern des öffentlichen Dienstes benachteiligen. Ein sachlicher Grund für diese Benachteiligung ist nicht einzusehen. Der immer wieder vorgebrachte Hinweis darauf, daß es sich um eine Tätigkeit im ausländischen Dienst handele, hält näherer Überprüfung nicht stand. Gewiß können Arbeitnehmer in Deutschland im Dienste eines anderen Staates stehen. Das zeigt die Anstellung von deutschen Arbeitnehmern bei den ausländischen diplomatischen Vertretungen. Diese Stellen erfüllen aber allein Funktionen des ausländischen Staates. Sie wirken als Repräsentations- und Organisationsteile der ausländischen Staatsgewalt. Sicher sind auch die ausländischen Truppen auf deutschem Boden Repräsentanten ihres Staates. Aber diese Truppen sind zugleich im deutschen Interesse tätig und üben zugleich deutsche Hoheitsfunktionen aus. Wie in der zivilrechtlichen Lehre von der Geschäftsführung steht auch hier die Verfolgung eigener Interessen der Annahme einer Wahrung fremder Interessen nicht entgegen. Öffentlicher Dienst im Interesse der Bundesrepublik kann nicht deshalb schlechtergestellt werden, weil er nicht unter der Direktionsgewalt der Bundesrepublik, sondern unter derjenigen ihrer NATO-Partner geleistet wird; denn die Tatsache, daß die Bundesrepublik ihre Sicherheitsinteressen den NATO-Truppen anvertraut, kann für sie kein Grund sein, ihre Staatsbürger arbeitsrechtlich zu diskriminieren. Und im Sonderfall West-Berlin wird von den Besatzungstruppen sogar okkupierte deutsche Staatsgewalt ausgeübt. Auch dieser Umstand kann für die deutschen Stellen kein Grund sein, die betreffenden Arbeitnehmer zu benachteiligen. Solange und soweit also ausländische Truppen okkupierte oder völkerrechtsvertraglich eingeräumte deutsche Hoheitsbefugnisse ausüben, sind die für diesen Zweck bei ihnen beschäftigten deutschen Arbeitnehmer im Dienste der deutschen Staatsgewalt tätig. Wenn die betreffenden Hoheitsfunktionen nicht von den deutschen Stellen selbst ausgeübt werden, so ist dies ein Umstand, der von diesen Stellen zu vertreten ist. Sie können sich deshalb nicht darauf berufen, daß die Beschäftigung der betreffenden Arbeitnehmer bei den ausländischen Mächten erfolgt und nicht bei ihnen. Die völkerrechtliche Situation kann nicht in der Weise zu Lasten deutscher Arbeitskräfte gehen, daß sich deutsche Stellen einem der wesentlichsten Rechtsgrundsätze, dem Gebot der Gleichbehandlung, entziehen.

Angesichts dieser Rechtslage ist die gegenwärtige Situation unhaltbar. Der betreffende Personenkreis kann sich an die Alliierten, bei denen er unmittelbar arbeitet, nicht wenden, weil diese ihn an die deutschen Stellen als völkerrechtlich zuständig verweisen, und die deutschen Stellen verweisen wieder an die Alliierten zurück als die „eigentlichen Arbeitgeber". Dabei sind die deutschen Stellen nicht nur Arbeitgeber und als solche zur Gleichbehandlung verpflichtet, sie sind auch die einzigen, die in der Lage sind, hier mit völkerrechtlichen Mitteln Abhilfe zu schaffen. Das Haupthindernis für die rechtlich gebotene „Verbesserung der Rechtsstellung und sozialen Sicherung der bei den Alliierten Beschäftigten" soll nach einer Antwort der Bundesregierung auf eine Bundestagsanfrage des Jahres 1966 in der mangelnden Verhandlungsbereitschaft der Alliierten liegen[25]. In der Tat kann es nicht in deren Interesse sein, daß die Summe der Stationierungskosten, über deren Begleichung ständig neu verhandelt wird, nicht unerheblich erhöht wird. Die deutschen Stellen sind aber verpflichtet, die notwendigen Erhöhungen notfalls von sich aus vorzunehmen, da es sich hier materiell um deutschen öffentlichen Dienst handelt und sie als „zahlender Arbeitgeber" den betreffenden Personenkreis nicht schlechterstellen dürfen. Die Bundesregierung und der Berliner Senat können nach allem nicht länger untätig bleiben, wollen sie nicht weiterhin gegen ein grundlegendes Prinzip des geltenden deutschen Arbeitsrechts verstoßen.

---

[25] RdA 1966, S. 214 (215).

Ergebnis

1. Die arbeitsrechtliche Situation der bei den alliierten Streitkräften beschäftigten deutschen Arbeitnehmer war schon immer unklar und gegenüber vergleichbaren Arbeitnehmern im deutschen öffentlichen Dienst benachteiligend. Diese Benachteiligung dauert auch gegenwärtig in erheblichem Umfange fort.

2. Die für diesen Personenkreis geltenden Tarifverträge sehen Kündigungsfristen für langjährige Angestellte vor, die gegen das AngKündSchG verstoßen und insoweit nichtig sind.

3. Die Bundesrepublik und der Senat von Berlin sind neben den jeweiligen alliierten Truppen Arbeitgeber dieses Personenkreises. Der Dienst bei den alliierten Truppen ist deutscher öffentlicher Dienst.

4. Die Benachteiligung der betreffenden Arbeitnehmer durch die deutschen Behörden ist daher ein Verstoß gegen den Gleichheitsgrundsatz.

Printed by Libri Plureos GmbH
in Hamburg, Germany